Gerald G. Jampolsky · Wenn deine Botschaft Liebe ist . . .

Gerald G. Jampolsky

Wenn deine Botschaft Liebe ist . . .

Wie wir einander helfen können,
Heilung und inneren Frieden zu finden

Kösel-Verlag München

Übersetzung aus dem Amerikanischen: Susanne Schaup, München.
Die Originalausgabe erschien unter dem Titel »Teach Only Love« bei Bantam Books, Inc., New York.

CIP-Kurztitelaufnahme der Deutschen Bibliothek

Jampolsky, Gerald G.:
Wenn deine Botschaft Liebe ist...: wie wir einander helfen können, Heilung u. inneren Frieden zu finden / Gerald G. Jampolsky. [Übers. aus d. Amerikan.: Susanne Schaup]. – 2. Aufl., 9.–12. Tsd. – München : Kösel, 1986. –
Einheitssacht.: Teach only love ⟨dt.⟩
ISBN 3-466-34109-4

2. Aufl. 1986, 9.–12. Tsd.

Gesamtherstellung: Kösel, Kempten.
Umschlag: Günther Oberhauser, München, unter Verwendung eines Fotos von Lothar Nahler, Hillesheim.
ISBN 3-466-34109-4

Inhalt

Dieses Buch ist meinen lieben Freunden Gayle und Hugh Prather gewidmet. Gayle fand den Titel für dieses Buch (Teach Only Love), gab zahlreiche redaktionelle Anregungen und wendete ungezählte Stunden für die Abschrift des Manuskripts auf.
Ich bin stets voll Dankbarkeit für ihre Präsenz in meinem Leben, für ihre bedingungslose Liebe, Hilfe und Unterstützung, sowie für ihre Bereitschaft, auch dann das Licht in mir zu sehen, wenn ich selbst nicht in der Lage bin, dieses Licht wahrzunehmen oder zu erleben.

Vorwort

Wenn wir durch den Geburtskanal in die Welt eintreten, ringen wir verzweifelt nach Atem. Die meisten von uns gehen durch das Leben, indem sie ständig weiterringen, und fühlen sich ungeliebt und einsam. Allzu oft haben wir Angst – Angst vor Krankheit und Tod, Angst vor Gott, sogar Angst davor, unser Leben fortzusetzen. Oft verlassen wir die Welt genauso, wie wir in sie eingetreten sind, verzweifelt nach Atem ringend.

Ich glaube, daß man das Leben auch auf eine andere Weise betrachten kann, die es uns ermöglicht, mit Liebe, in Frieden und gänzlich ohne Angst durch dieses Leben hindurchzugehen. Dazu braucht es keine äußerlichen Kämpfe, sondern nur, daß wir uns selbst heilen. Dies ist ein Prozeß, den ich »Heilung von Einstellungen« nenne, weil es sich um einen inneren, vorwiegend psychischen Prozeß handelt. Richtig angewandt, glaube ich, daß er jedem Menschen, wie immer seine Lebensumstände beschaffen sein mögen, die Möglichkeit gibt, die Freude und Harmonie zu erfahren, die jeder Augenblick enthält, und seine Reise auf einem Weg der Liebe und Hoffnung anzutreten.

Die Psyche läßt sich umerziehen. Dies ist eine Tatsache, denn wir haben die Freiheit, unsere Einstellung zu ändern. Gleichgültig, wie oft wir diese Freiheit mißbraucht haben, können wir unseren Willen auf eine so positive Weise einsetzen, daß sie unsere anfänglichen Vorstellungen bei weitem übertrifft. Vor der Umerziehung der Psyche sieht es jedoch so aus, als bestünde sie aus fest verschlossenen Schubladen. Wir spüren zwar unser Potential, aber es verbirgt sich hinter »verschlossenen Türen«. Wie Sie sehen werden, wenn wir unsere Reise zusammen fortsetzen, sind diese Blockierungen in Wirklichkeit nur innere Einstellungen, die der Heilung bedürfen, und weil es sich um selbstgewählte Einstellungen handelt, können wir sie auch ändern. Mit jeder kleinen Änderung springt eine weitere »Türe« auf. Zu Anfang fühlen wir uns wie in einer Falle und außerstande, unseren Beschränkungen zu entkommen, aber wenn wir eine »unbrauchbare« Einstellung nach der anderen ablegen, sehen wir deutlicher, daß unsere Psyche von vornherein nie in solche Schubfächer hätte eingeteilt werden sollen. Unser gesamtes Potential war immer zur Hand, weil unsere Psyche ein Ganzes *ist*. Die einzigen Barrieren zu unserem Glück sind von uns selbst errichtet.

Unsere Einstellung bestimmt, ob wir Frieden erleben oder Angst, ob wir gesund oder krank sind, frei oder eingesperrt. Dieses Buch handelt von Liebe in ihrer wahren, spirituellen Bedeutung. Liebe ist vollkommenes Annehmen und vollkommenes Geben – ohne Grenzen und Vorbehalte. Liebe ist die einzige Realität und als solche unwandelbar. Sie kann sich nur ausdehnen und größer werden. Unendlich und schön entfaltet sie sich aus sich selbst. Die Liebe sieht jeden Menschen als makellos, denn sie erkennt, daß das Licht in einem jeden von uns Gott widerspiegelt. Liebe ist die völlige Abwesenheit von Angst und die Grundlage jeder Heilung von Einstellungen.

Wenn Sie, so wie ich, noch kämpfen und sich von Schmerz, Depression, Leid und Angst freimachen wollen, um die Liebe zu erfahren, ist es sicherlich kein Zufall, daß Sie und ich uns durch dieses Buch gefunden haben. Ich werde Ihnen über die Grundsätze schreiben, die ich in meinem Leben immer konsequenter anzuwenden suche. Wir verwenden sie auch in unserem »Center for Attitudinal Healing« in Tiburon, Kalifornien. Außerdem möchte ich Ihnen erzählen, auf wie mannigfache

Weise die Kinder, die dorthin kommen, mich gelehrt haben zu lieben, und wie Sie und ich in jeder Schwierigkeit, die uns begegnet, auf diese Liebe zurückgreifen können.

Tiburon, Kalifornien, *Jerry Jampolsky*
Mai 1982

1 Die einzige Lektion ist Liebe

Wir haben wirklich nur eine Lektion zu lernen. Sie kann jedoch verschiedenartig ausgedrückt werden. Eine Art und Weise, die für mich Bedeutung hat, stammt aus einem »Kurs in Wundern«*.

Lehre nur Liebe, denn das bist du.

Dieser Satz bezeichnet sowohl unser Ziel als auch die Mittel und Wege, es zu erreichen. Er besagt, daß wir die Liebe sind, die von Gott kommt. Es sagt uns weiterhin, wie wir dies in jeder Schwierigkeit, sei sie groß oder klein, erkennen können: gib nur Liebe, lehre nur Liebe und greife niemals an, in keiner Form, um deiner Sicherheit willen. Dies ist das erste und grundlegende Prinzip innerer Heilung.
Ich habe diese Wahrheit in meinem Leben oft aus den Augen verloren. Doch es macht mir Mut, wie diese einfache Wahrheit immer wieder auftaucht. Im Frühjahr 1975 wurden mir viele Dinge, an deren Wahrheit ich zu glauben begonnen hatte, deutlicher, und dann bekam ich jenen »Kurs in Wundern«. Vor dieser Zeit hatte ich bestimmte »Realitäten« zur Kenntnis genommen, aber ich hatte diese quälenden Tatsachen nicht in ein zusammenhängendes Ganzes gebracht. Die Summe dessen, was mir vor meiner Begegnung mit dem »Kurs« bewußt geworden war, könnte man eine erste Ahnung der Prinzipien inneren Heilens nennen.

* *A Course in Miracles*. The Foundation of Inner Peace. P. O. Box 635, Tiburon, California 74920.

- Wenn ein Mensch damit beschäftigt ist, einem anderen zu helfen, erlebt er keine Angst.
- Angst führt zu keiner positiven Veränderung. Es ist falsch, Angst hervorzurufen, wenn man anderen helfen will.
- Wir können unsere Angst vor Kindern nicht verbergen.
- Der wahre Inhalt unserer Gedanken steht jedermann offen, insbesondere Kindern, und auf einer bestimmten Ebene stehen alle Bewußtseinsinhalte miteinander in Verbindung.
- Wir sind nicht auf unseren Körper beschränkt, und die physische Realität ist für uns keine Grenze.
- Unsere Psyche kann durch den Lebenswillen den Verlauf einer Krankheit ändern. Es gibt keine Schwierigkeit, die nicht rückgängig gemacht werden kann.
- Das Festhalten an der Vergangenheit ist unseren gegenwärtigen Einstellungen hinderlich.
- Wir können aus jeder Situation, in der wir uns gegenwärtig befinden, etwas lernen, mag sie uns anfangs noch so widrig erscheinen.
- Unsere inneren Ziele bestimmen unsere Erfahrung. Wir sind nicht ein Opfer der Welt.
- Die Liebe ist wirklich.

Ich möchte Ihnen einige der Erfahrungen mitteilen, die mich zu diesen Erkenntissen geführt haben. Insbesondere wenn Sie sehen, wie ich die Lektionen der Liebe anzuwenden lernte, werden Sie vielleicht in der Lage sein, ähnliche Schlüsse in Ihrem eigenen Leben zu ziehen. Ich glaube, das Leben gibt uns die Möglichkeit zu lernen, wie wir Erfahrungen, die uns bestimmte Kenntnisse klar und deutlich vermitteln, auf die Gebiete übertragen können, wo Angst uns noch immer als das Vernünftige erscheint.

Die Wahrheit wiederholt sich

»Gestern war es furchtbar, heute ist es schrecklich, und morgen wird es noch schlimmer werden.« Das war die Lebensanschauung meiner Familie, als ich ein Kind war. Vielleicht haben auch Sie ein wenig von dieser Haltung mitbekommen, als Sie aufwuchsen. Von einer Generation zur anderen waren wir durchtränkt von dem Glauben, daß die Vergangenheit die Zukunft bestimme und daß ein reifer Mensch mit Urteilsvermögen die Lektionen der Vergangenheit sorgfältig erwägen müsse, wenn er Pläne macht. Der »Kurs in Wundern« weist uns darauf hin, daß es nur eine Lektion der Vergangenheit gibt.

Es existiert nur der jetzige Augenblick.

Der Glaube, daß aus der Vergangenheit die wahren Gesetze des Lebens hervorgehen, dringt sogar auf noch subtilerem Wege in unser Bewußtsein als durch unsere direkten Versuche, das Künftige zu bestimmen. Wir denken ständig an die Zukunft und *erwarten,* daß sie wie die Vergangenheit sein wird. In unserer Phantasie und unseren müßigen Gedanken stellen wir uns die Zukunft so vor wie das, was wir aus unserer Vergangenheit als erfreulich erinnern, und wir verbessern sie noch, indem wir das eliminieren, was schwierig und schmerzhaft war.

Wenn wir in dieser Weise denken, blicken wir nicht auf praktische und vernünftige Art vorwärts, sondern schaffen lediglich einen Bewußtseinszustand, der fast ausschließlich aus Angst besteht. Wir glauben, daß dem allgemeinen Lauf der Ereignisse in unserem Leben nicht zu trauen ist, und so betrachten wir alles und jeden entweder als Feind oder zumindest als potentiell gefährlich. Diese Einstellung gibt uns wiederum das Gefühl, daß wir der Liebe nicht wert seien. Sie

macht, daß wir uns schuldbewußt, hilflos und unsicher in bezug auf alles fühlen. Das führt dazu, daß wir die Wirklichkeit in den Griff bekommen wollen, und so entwickeln wir lediglich ein Talent zu manipulieren.
Das ist natürlich genau der Fehler, den ich selbst so oft gemacht habe. Ich versuchte, mich der Welt auf eine Weise zu präsentieren, die ganz anders war, als ich mich innerlich fühlte. Auch wenn ich Angst davor hatte, was geschehen würde, gab ich mir äußerlich das Ansehen eines Mannes, der die Dinge im Griff hat und Respekt verdient. Wie jeder Mensch, der eine Maske trägt, fühlte ich mich isoliert und unverstanden.
Wenn wir uns als nicht geliebt oder nicht liebenswert empfinden, machen wir gewöhnlich den Fehler, daß wir die äußeren Umstände kontrollieren wollen, die wir für den Grund unseres Unglücklichseins halten. Weil dieses Ziel voraussetzt, daß es sich in der Zukunft erfüllt, wird der gegenwärtige Augenblick entwertet. Selbst eine trostlose Zukunft, die wir einigermaßen kontrollieren können, ist dem jetzigen Augenblick scheinbar vorzuziehen. Und die Freude, die verlangt, daß wir unsere Aufmerksamkeit der Gegenwart zuwenden, wird etwas Ängstliches. Sobald sich ein gewisses Maß an Glück einstellt, schöpft jeder Mensch mit dieser Einstellung sofort Verdacht. Angst reizt das unbewußte Verlangen, die Freude loszuwerden, damit wir uns auf die Zukunft konzentrieren und sie kontrollieren können. Immer wenn wir Angst haben, meinen wir, daß es einen Wert habe, die Gegenwart von Liebe und allem Glück zu befreien.
Mit dieser Einstellung fühlte ich mich nicht nur ungeliebt, sondern der Liebe unwürdig. Ich war ihrer nicht würdig, weil ich mich einer ungenannten Sünde schuldig fühlte. Und weil ich Angst hatte, daß meine Sünde bestraft werden würde, meinte ich, daß ich der Liebe entsagen müßte, um der Strafe

zu entgehen. Man braucht nicht religiös erzogen zu sein, um zu glauben, daß der Mensch leiden muß.
Die meisten von uns fühlen sich sehr einsam in der spezifischen Art, wie wir unsere Fehler machen. Wir glauben, daß unsere Schuld etwas Privates sei. Ich dachte, daß ich das größte Arsenal von Schuld auf der Welt besäße, und daher schien das Unheil immer hinter jeder Ecke zu lauern. Das Leben war eine äußere Macht, gegen die ich mit meinem Grips und meiner Energie anrannte. Leben im wahren Sinn des Wortes – mit Lust, Frieden, Freude und Harmonie – schien nur anderen gegeben zu sein. Da ich selbst eine Maske trug, glaubte ich das, was die Masken anderer Leute mir vermittelten: daß sie es schafften, glücklich zu sein, und ich nicht.
Diese allgemeine Einstellung führte dazu, daß ich zwar existierte, aber nicht wirklich lebte. Oft kam es vor, daß ich Glück mit Schmerz verwechselte, denn ich fühlte mich nur lebendig, wenn ich mitten in einer Krise war. Also brach ich eine Krise nach der anderen vom Zaun. Da das Glück außerhalb meiner Reichweite lag, war dies für mich die einzige Art und Weise, wie ich das Leben erfahren konnte. Und da diese Dinge mir ständig widerfuhren, schien mir diese Auffassung immer mehr eine einfache Notwendigkeit. Ich war nur ein Opfer.
Eine lange Zeit glaubte ich, daß diese Anschauung mir als etwas Natürliches zukam. Wegen der von meinen Eltern empfangenen Anlagen und der Umwelt, in der ich aufwuchs, war ich, ohne daß ich es mir ausgesucht hatte, von Angst und Schuld besessen. Es kam mir nicht in den Sinn, daß ich selbst von einem Augenblick zum anderen die Wahl treffe zwischen Liebe und Angst. Es gibt zahlreiche Menschen, die aus einem schlechteren Milieu kommen als ich und trotzdem die Wahl getroffen haben, nicht in ihrer Vergangenheit steckenzubleiben. Es war meine Wahl, die Lebensanschauung meiner

Eltern zu übernehmen und die Beschränkungen meiner Umgebung zu akzeptieren.
Es ist mir jetzt klar, daß jeder von uns die Überzeugungen, nach denen er lebt, selbst bestimmt. Wir glauben, daß wir uns mit unserer Vergangenheit identifizieren müssen, aber das ist nicht wahr. Wir haben eine Alternative. Unsere Welt hält nicht deshalb zusammen, weil wir uns ängstlich um sie sorgen. Wir können ein Leben führen, das frei ist von Angst. Ebenso wie ich bestimmen auch Sie alles, was Ihnen zustößt. Diese Tatsache sollte uns kein Gefühl der Schuld, sondern die Freiheit geben, im Frieden zu leben.
Dies wurde mir während des dritten Monats meines klinischen Jahres offenbar. Im Jahre 1945 wurde ich in meinem Militärdienst an die medizinische Fakultät der Stanford University geschickt, und im Jahr darauf aus der Marine entlassen, um meine medizinische Ausbildung fortzusetzen. An der medizinischen Fakultät bekommt ungefähr ein Drittel aller Studenten die Symptome der jeweiligen Krankheit, die sie gerade studieren. Manche bekommen diese Krankheit sogar. Ich fürchtete mich besonders vor der Tuberkulose und war überzeugt, daß ich sie mit der Zeit kriegen und daran sterben würde; und tatsächlich ergab es sich während meines klinischen Jahres, daß ich unter anderem der Tuberkulosestation zugeteilt wurde. Wiederholt hatte ich den Alptraum, daß ich am Morgen einen tiefen Atemzug täte, um dann für den Rest des Tages nicht mehr zu atmen.
Eines Nachts wurde ich zu einem Notfall gerufen, einer fünfzigjährigen Alkoholikerin, die Tuberkulose und Leberzirrhose hatte. Sie blutete aus der Speiseröhre, hatte Blut erbrochen und befand sich in einem Schockzustand. Ihr Puls war schwach und ihr Blutdruck nicht mehr zu messen. Ich saugte die Patientin ab und massierte ihr Herz. In dieser Nacht funktionierte das Sauerstoffgerät nicht, und daher mußte ich

eine Mund-zu-Mund-Beatmung machen, auf die sie ansprach. Als ich in mein Quartier zurückkehrte und in den Spiegel sah, war mein grüner Ärztekittel ganz mit Blut besudelt. Plötzlich fiel mir ein, daß ich während der ganzen hektischen Stunde nicht ein einziges Mal Angst gehabt hatte.
Es war eine eindrucksvolle Lehre, daß ich dann, wenn ich nur darauf konzentriert war, einem Menschen zu helfen, keine Angst empfand. Es gab andere Zeiten während meines Dienstes auf dieser Station, da ich vor Angst erstarrte, wenn ich darüber nachdachte, was ich mir alles holen konnte. Die Lektion war eindeutig. Wenn es einem nur darum zu tun ist, zu geben, gibt es keine Angst. Viel später in meinem Leben entdeckte ich, daß es dann auch keinen Schmerz und kein Gefühl der Begrenzung gibt.

Gedanken kommunizieren

In demselben Jahr machte ich eine weitere wichtige Lernerfahrung, die mir ein achtjähriger Junge namens Billy vermittelte. Wir können unsere Gefühle vor Kindern nicht verbergen, und wenn wir uns noch so große Mühe geben. Schmerzhafte Gedanken lassen sich nicht verstecken, aber sie können verändert werden. Die folgenden beiden Zitate aus dem »Kurs im Wundern« erhellen diese Lektion:

Ich habe gesagt, daß du dein Denken nicht verändern kannst, indem du dein Verhalten änderst, aber ich sagte außerdem – viele Male –, daß es möglich ist, dein Denken zu ändern.

An späterer Stelle heißt es:

Wenn jemand wirklich sein Denken verändert, hat er das stärkste Mittel verändert, das ihm zu seiner Wandlung gegeben wurde.

Das ist wahr, gleichgültig, ob wir unser Verhalten oder das eines anderen als Problem ansehen. Mein Fehler, den ich in dem Vorfall mit Billy machte, bestand darin, daß ich versuchte, ihn zu ändern, statt mich um meine eigene innere Heilung zu bemühen. Wenn die Psyche Heilung akzeptiert, dann wird dieser Zustand der Besserung sich auf jede andere Psyche übertragen, mit der sie sich verbindet.

Billy hatte nicht nur Gehirnlähmung, sondern war auch verhaltensgestört. Ich hatte als Psychotherapeut Sitzungen mit ihm und seinen Eltern, aber statt daß sein Zustand besser wurde, verschlimmerte er sich. Eines Tages brachten seine Eltern mir gegenüber ihre Enttäuschung zum Ausdruck. Ich begann, einen Groll gegen Billy zu hegen, weil er mich in ein schlechtes Licht setzte. Wenn wir zum Ziel haben, einen Menschen zu ändern, so ist das Resultat entweder Ressentiment oder Stolz.

An dem Abend las ich einen Artikel von Milton Erikson, dem Vater der modernen Hypnosetherapie in den Vereinigten Staaten. Er schilderte die Anwendung von Hypnose bei Kindern. Offensichtlich war nichts weiter nötig, als das Kind zu entspannen, ihm einige Suggestionen einzugeben, und sein Verhalten würde sich im Handumdrehen ändern. Mit einem Teil meines Inneren hatte ich Zweifel an der Methode, doch mit einem anderen war ich verzweifelt genug, um sie auszuprobieren.

Als ich Billy das nächste Mal traf, setzte ich ihn auf eine Krankenhausliege und suggerierte ihm, daß seine Augen immer schwerer wurden, daß seine Augen sich schlossen, weil sie so schwer waren, und daß er sich auf der Liege ausstreckte. Stellen Sie sich mein Erstaunen vor, als er alles tat, was ich ihm suggerierte. Er machte vollkommen mit, was er früher nie getan hatte. Ich sah auf der nächsten Seite des Artikels nach, um mir weitere Anweisungen zu holen. Plötzlich setzte Billy sich auf. Seine Augen waren geschlossen, aber er beugte sich vor, drückte seine Nase an meine, und sagte in seiner schwerfälligen, gelähmten Sprechweise: »Dr. Jampolsky, Ihre Augen werden immer schwerer.« Dann brach er in Lachen aus.

Nachdem ich mich von dem Schock erholt hatte, lachten wir beide von Herzen. Kinder sind großartige Therapeuten, weil sie noch nicht durch die formelle Schulung gegangen sind, die in unser von Gott gegebenes Wissen störend eingreift. Sie wissen, was sich im Denken eines Erwachsenen abspielt. Instinktiv erkennen sie, daß es nichts Verborgenes oder Heimliches gibt, und gewöhnlich durchschauen sie jede Maske, die wir aufsetzen.

Eine Einstellung kann heilen

Im Jahre 1949, als ich ein Klinikum in Boston absolvierte, wurde mir der Einfluß von Einstellungen auf den Körper in vollem Umfang bewußt. Diese Erkenntnis drängte sich mir durch zwei Patienten auf, die ich betreute und die beide an Magenkrebs litten. Fachärztliche Berater der Universitäten von Boston, Harvard und Tufts waren sich einig, daß es um die beiden ungefähr gleichaltrigen Männer ähnlich stand und daß keiner von ihnen eine Lebenserwartung von mehr als sechs Monaten hatte. Einer der Männer starb zwei Wochen später. Der andere lebte weiter, wurde aus dem Krankenhaus entlassen und war wohlauf, als ich mein Klinikum beendete.

Der erste Mann schien keinen Lebenszweck zu haben. Er glaubte, daß er auch dann, wenn er sich wieder erholen würde, nicht imstande wäre, mit seinen täglichen Problemen fertigzuwerden. Er schien mehr Angst vor dem Leben zu haben als vor dem Sterben. Vielleicht flüchtete er sich in den Tod. Der Mann, der nicht starb, war entschlossen, am Leben zu bleiben. Er weigerte sich, in die Wahrscheinlichkeitskurve einer Versicherungsstatistik einzugehen. Irgendwie war er überzeugt, daß er gesund werden und die Pläne für sein Leben verwirklichen könne.

Dieser Vorfall brachte mir zum Bewußtsein, wie wichtig die Gedanken sind, die wir denken. Ihre Richtung bestimmt tatsächlich unseren Willen, zu leben oder zu sterben. Dabei ist die Erkenntnis wichtig, daß ich nicht zum Kampf aufrufe, wenn ich von einer Änderung des Denkens spreche. Die Art und Weise, wie wir unser Denken umdirigieren, ist identisch mit der neuen Richtung. Auf friedliche Weise kehren wir zum Frieden zurück. Auf sanfte Weise machen wir uns Sanftheit zu eigen. Wenn Sie finden, daß Sie nicht bereit sind, die Art von Gedanken nachzuvollziehen, die dieses Buch Ihrer Meinung nach erfordert, dann kämpfen Sie bitte nicht gegen sich an. Statt dessen empfehle ich Ihnen, die Spannung einfach loszulassen. Denken Sie einfach, was Ihnen Freude macht, was Sie beruhigt und Ihnen Trost gibt – das ist alles, was ich Ihnen nahelege. Es hat keinen Sinn, daß Sie versuchen, eine Änderung Ihres Bewußtseinszustandes zu erzwingen. Beobachten Sie nur, welche Gedanken Sie glücklich und welche Sie unglücklich machen, dann wird Ihre Psyche von selbst die nötige Umstellung vornehmen.

Den meisten Ärzten ist klar, daß die innere Haltung organische Krankheiten beeinflussen kann. Sie wissen, daß der Wille, zu leben oder zu sterben, den Verlauf einer Krankheit ändern kann. Das wissen sie, obwohl eine solche Haltung nicht mikroskopisch untersucht, nicht gemessen, gewogen oder experimentell wiederholt werden kann. Die Wahrheiten der Psyche sprengen die Normen der Wissenschaft. Die Voraussetzungen und die allgemeine Atmosphäre, die wir mit unseren Einstellungen schaffen, spiegeln sich nicht nur im Extremfall einer lebensbedrohenden Krankheit, sondern in allen Aspekten unseres Lebens. Dies wurde mir klar nach meinem ersten Anlauf, die Abschlußprüfungen in Psychiatrie und Neurologie zu schaffen.

Dieses Examen sieht zwei Tage mündlicher Prüfungen vor. Obwohl ich fleißig studiert hatte, beging ich den Fehler, daß ich mir in den Kopf setzte, bei den Prüfungen die äußerste Ruhe bewahren zu wollen. Ich konzentrierte mich hauptsächlich darauf, diese Maske anzulegen, und alle – insbesondere meine Berufskollegen – staunten über meinen Gleichmut. Einen Monat später erfuhr ich, daß ich durchgefallen war. Meine ganze Energie war draufgegangen, Selbstkontrolle vorzutäuschen, und so blieb mir nur wenig Aufmerksamkeit übrig, die ich der richtigen Beantwortung der Fragen hätte zuwenden können. Im nächsten Jahr trat ich ohne diese ablenkende Verstellung noch einmal zu den Prüfungen an und kam durch.

Im Jahre 1952 wurde ich Mitarbeiter des Langley Porter Instituts in San Francisco. Meine Aufgabe bestand in der Behandlung schizophrener Kinder. Die meisten von ihnen konnten nicht sprechen, und die Arbeit war schwierig, aber ich begann wenigstens einen wichtigen Sachverhalt zu ahnen: Worte sind belanglos für das, was wir lehren und lernen.

Das einzig Wichtige, was man überhaupt vermitteln kann, ist die *Erfahrung* von Liebe und Frieden. Ihr Ausdruck bringt das Werk der Heilung in beiden Richtungen zustande, und nicht das, was zwischen zwei Menschen geredet wird. Die Anhäufung verbalisierten Wissens auf einer Seite ist von geringem Nutzen für eine tiefe innere Heilung.

Meine Anstellung wurde unterbrochen, als der Koreakrieg

ausbrach und ich zur Luftwaffe eingezogen wurde. Nach meinem Militärdienst kehrte ich ans Langley Porter Institut zurück, um meine Fachausbildung in Kinderpsychiatrie zu vollenden. Kurz darauf machte ich eine Beobachtung, die den zweifelhaften Wert von Ausbildung und Erfahrung erkennen ließ.

Mir fiel auf, daß Medizinstudenten im zweiten Studienjahr oft besser mit ihren Patienten umgehen konnten als viel weiter Fortgeschrittene. Diese Annahme führte zu einem Gespräch mit Ethel Vergin, die damals die Verwaltung der ambulanten Station leitete. Sie war eine gute Beobachterin des medizinischen Personals und hatte während ihrer mehr als fünfzehnjährigen Tätigkeit am Institut das Kommen und Gehen vieler Medizinstudenten, junger Ärzte und Fachärzte erlebt. Sie bestätigte meine Beobachtung.

Ich begann, nach den Gründen für diese Diskrepanz zu forschen. Mir kam der Gedanke, daß es vielleicht in erster Linie an den Einstellungen lag, und so fing ich an, die Persönlichkeit und Arbeitsweise jedes einzelnen Studenten höherer Semester zu prüfen, mit dem ich arbeitete. Meine Untersuchung bestätigte mir, daß im Umgang mit schwierigen Krankheiten ältere Semester manchmal wenig oder gar keinen Fortschritt gegenüber Studenten mit weniger Erfahrung erzielten. So lernen zum Beispiel ältere Studenten bei Patienten, deren Diagnose auf chronische Schizophrenie lautet, von vielen Fachärzten, daß die Behandlung dieser Krankheit schwierig, mühsam und oft sehr langsam ist. Wenn also diese Mediziner einen neuen Patienten mit chronischer Schizophrenie behandeln, haben sie die Werte und Einstellungen des Fachkollegiums bereits in ihr eigenes Denken übernommen. Sie beginnen die Behandlung des Patienten mit der Erwartung, daß es mühsam und schwierig sein wird, einen Fortschritt zu erzielen. Der Patient wiederum identifiziert sich mit

der beschränkten Erwartung des jungen Arztes, und diese wird dann zur Wirklichkeit.
Medizinstudenten im zweiten Studienjahr sind meist noch nicht von den negativen Erwartungen vieler Fachärzte angesteckt. Sie sind gewöhnlich enthusiastisch und optimistisch, wenn sie ihre ersten psychiatrischen Patienten übernehmen. Das Etikett, das dem Patienten angehängt wird, bedeutet ihnen wenig. Sie wissen einfach, daß sie diesem Patienten auf irgendeine Weise helfen werden und daß er Fortschritte machen wird. Der Patient identifiziert sich mit dieser positiven Erwartung und macht oft schnellere Fortschritte als mit einem höheren Semester. In dieser besonderen Situation ist eindeutig die Einstellung von höchster Bedeutung und nicht die Erfahrung. Ja, Erfahrung kann in diesem Fall sogar als ein Hindernis betrachtet werden. Daraus lernte ich, Mutmaßungen aufgrund von Vergangenheit zu vermeiden und in keinem Menschen einfach eine vorgefertigte Statistik zu sehen.
Viel öfter, als wir wahrnehmen, sehen wir in den Menschen, die uns begegnen, nur die Vergangenheit. Doch es ist vielmehr *unsere* Vergangenheit als die *ihre*, die wir als zu ihnen gehörig betrachten. Folglich reagieren wir gar nicht auf sie selbst, sondern auf unsere eigenen vorgefaßten Urteile. Der freundliche Wunsch, andere so zu sehen, wie sie in diesem Augenblick sind, wird viel dazu beitragen, unsere Einstellungen zu klären. Wir würden sehr wenig an anderen Menschen auszusetzen finden, wenn wir darauf verzichteten, alle unsere Vorurteile und kleinlichen Beschwerden auf sie zu übertragen. Unsere vergangenen Erfahrungen können uns nichts über die Liebe der Gegenwart sagen. Erinnerungen und Sehen sind nicht dasselbe, und deshalb nützen uns Erinnerungen wenig, wenn wir Liebesbeziehungen anknüpfen.

Liebe existiert

Im Laufe meiner weiteren persönlichen Suche gewann ich Interesse an der Kirlian-Fotografie, die laut einigen Forschern die elektrische Energie abbildet, die alle physischen Körper umgibt. Meine Untersuchungen auf diesem Gebiet führten zu einigen ungewöhnlichen Erfahrungen mit dem indischen Guru Swami Muktananda, von dem ich zwar gehört, den ich aber nie kennengelernt hatte. Im Jahre 1974 wurde ich in seinen Aschram in Oakland eingeladen, um Kirlian-Fotos von seinen Händen zu machen.

Bei meiner Ankunft befanden sich viele junge Leute in dem Aschram, und sie schienen »Baba« zu vergöttern. Damals war ich mit meinem Urteil über solche Gurus schnell fertig. Ich kam sogleich zu dem Schluß, daß diese Jugendlichen emotional verwirrt waren und wahrscheinlich eine Vaterfixierung hatten. Daß sie in dem Aschram einen Ort der Sicherheit fanden, war naheliegend, da sie offensichtlich mit der realen Welt nicht zurechtkamen.

Bald nach meiner Ankunft saß ich in einem Raum mit zwanzig anderen geladenen Gästen. Baba trat ein; wir wurden miteinander bekannt gemacht und unterhielten uns über einen Dolmetscher. Ich machte einige Fotos, wurde von ihm mit einer langen Pfauenfeder gestreift und setzte mich. Während ich die anderen beobachtete, merkte ich, daß ich alles verkehrt gemacht hatte. Alle anderen knieten nieder, bevor sie mit ihm sprachen; jeder außer mir brachte ihm Blumen, Früchte oder irgendein Geschenk.

In mir brodelte es förmlich vor Feindseligkeit. Trotzdem überkam mich plötzlich das deutliche Gefühl, daß Baba zwar laut mit anderen sprach, aber eine nichtverbale Unterhaltung mit mir führte. Es war, als ob unsere Gedanken miteinander in Verbindung stünden. Ich spürte mit Sicherheit, daß er zu mir

kommen würde, wenn er mit den anderen fertig wäre, daß er mein Gesicht berühren und daß etwas sehr Dramatisches geschehen würde.
Er hörte auf zu sprechen und schickte sich an, den Raum zu verlassen, und ich sagte mir: »Wieder falsch, Jampolsky.« Plötzlich stand er mit seinem Dolmetscher vor mir. Er berührte mich, und helle Aufregeung verbreitete sich bei den anderen. Ich wurde in einen kleinen Raum geführt, und man sagte mir, daß ich für eine kurze Weile allein gelassen würde und daß ich während der Zeit meditieren sollte. Ich war immer noch mißtrauisch, aber da ich offensichtlich nichts zu verlieren hatte, folgte ich dem Vorschlag.
Dann machte ich eine der erstaunlichsten Erfahrungen meines Lebens, eine Erfahrung, die zu einem radikalen Umdenken bei mir führte. Nachdem ich fünf Minuten lang still dagesessen hatte, begann mein Körper auf unbeschreibliche Weise zu zittern und zu beben. Herrliche Farben erschienen um mich herum, und mir war, als sei ich aus meinem Körper getreten und blickte auf ihn herab. Ein Teil meiner selbst fragte sich, ob mir wohl jemand eine halluzinogene Droge verabreicht hätte oder ob ich im Begriff stand, verrückt zu werden.
Ich erblickte Farben, deren Tiefe und Leuchtkraft alles übertraf, was ich mir je vorgestellt hatte. Ich begann, in Zungen zu reden – ein Phänomen, von dem ich zwar gehört hatte, dem ich aber keinen Glauben schenkte. Ein wunderschöner Lichtstrahl kam in den Raum, und in diesem Augenblick faßte ich den Entschluß, das Geschehen nicht mehr zu bewerten, sondern einfach mit der Erfahrung eins zu sein und mich ganz mit ihr zu verbinden.
Danach erinnere ich mich an nichts mehr, bis Babas Dolmetscher mich rüttelte und sich wortreich bei mir entschuldigte, weil sie, wie er sagte, vergessen hätten, daß sie mich in diesem Raum zurückgelassen hatten. Ich befand mich noch immer in

der gleichen Sitzhaltung. Zweieinhalb Stunden waren vergangen. Man führte mich hinunter, wo ungefähr zweihundert Leute vor Baba waren. Alle machten mir Platz, und er und ich führten ein Gespräch. Jemand machte ein Foto von mir, das ich noch besitze. Ich sehe aus wie eine männliche Mona Lisa mit Augen voll Licht und einem Lächeln, hinter dem sich ein Geheimnis verbirgt.

Baba legte mir nahe, daß ich mir ein Bild von seinem Guru beschaffen und davor meditieren sollte. Ich beschloß jedoch, das nicht zu tun. Statt dessen fand ich ein kleines Buch, in dem ich all die Dinge, die ich erlebt hatte, beschrieben fand.

Obwohl ich gewöhnlich ein hohes Maß an Energie besitze, steigerte es sich noch während der nächsten drei Monate, und ich kam mit sehr wenig Schlaf aus. Ich war erfüllt von einer Empfindung der Liebe, die sich von allem unterschied, was ich vorher gekannt hatte. Die Gewalt dieses Erlebnisses weckte in mir den Wunsch, alles mit neuen Augen zu betrachten, denn ich hatte eine Ahnung von einer Wirklichkeit bekommen, die nicht auf die physische Ebene beschränkt ist. Dies war ein wichtiger Schritt zur völligen Umwertung meiner Begriffe von Gott und Spiritualität. Obwohl ich es damals nicht wußte, bereitete mich dieses Erlebnis für meine Begegnung mit dem »Kurs in Wundern« etwa ein Jahr später vor. Doch einstweilen war ich immer noch am Kämpfen.

2 Die Hilfe ist schon da

Im vorigen Kapitel sprach ich davon, wie Wahrheiten die Eigenschaft haben, immer wieder aufzutauchen. Ich erinnere mich, wie ich als vier- oder fünfjähriger Junge einmal im Gras lag, die Blumen, die Berge und den Himmel betrachtete und plötzlich spürte, daß mir Gott sehr nahe war. Ich wußte, daß ich mit allem, was ich sah, vollkommen eins war. Das waren Augenblicke, in denen ich keinen Zweifel an der spirituellen Wirklichkeit hatte. Ich erinnere mich außerdem, daß ich nach den Sonntagsfahrten, die unsere Familie oft unternahm, gerne so tat, als würde ich schlafen, denn dann trug mein Vater mich in seinen Armen ins Haus. Bei diesen Gelegenheiten merkte ich deutlich, daß er mich liebhatte. Wir werden von Gott und von den anderen Menschen geliebt. Das sind zwei grundlegende Wahrheiten, die im Laufe meines Lebens in mein Bewußtsein zurückgekehrt sind. Sie sind keineswegs selbstverständlich, noch war mir anfangs klar, daß es sich dabei um ein und dieselbe Wahrheit handelt.

Wir brauchen nichts zu tun, bevor wir dazu bereit sind

Meine Probleme mit Gott begannen schon früh. Als Kind litt ich an Legasthenie und verwechselte das Wort *God* (Gott) mit *dog* (Hund). Mit sechzehn wurde ich von einem Rabbiner konfirmiert, der später seinen Glauben verlor und Börsenmakler wurde. Oder ich erinnere mich, wie ich einmal bei einem

Pfadfindertreffen eine Scheibe Speck zum Frühstück aß und Gott mich nicht dafür zerschmetterte, wie es seine Pflicht gewesen wäre. Eine Untertreibung wäre es zu sagen, mein Glaube an Gott sei, während ich heranwuchs, allmählich dahingeschwunden.

Im reformierten jüdischen Tempel lehrte man mich, daß Gott auch freundlich und gerecht sein konnte und daß er mich für alle meine gute Taten belohnen, für Verfehlungen jedoch bestrafen würde. Über all dies dachte ich nicht weiter nach, bis ein enger Schulfreund von mir bei einem Autounfall ums Leben kam. Sein Tod gab mir nicht nur ein Gefühl der Niedergeschlagenheit, sondern auch des Zorns und der Bitterkeit. Wo war die Gerechtigkeit Gottes in diesem Fall? »Wie kann es einen gerechten Gott geben«, so fragte ich mich, »wenn er mitansehen konnte, wie ein unschuldiges Leben ausgelöscht wurde, bevor es überhaupt richtig beginnen konnte?« Meine Antwort war, daß ich mich ganz von Gott abwandte. Wenn die Frage auftauchte, ob Gott existierte, vertrat ich entweder die Position des Atheisten oder des Agnostikers.

Bald brach ich den Stab über Leute, die zur Kirche oder in die Synagoge gingen oder sich auf irgendeine Weise Gott zuwandten. Ich hielt sie für ängstlich und irgendwie unterbelichtet. Der Glaube an das ewige Leben kam mir ebenso töricht vor. Ich dachte, dies sei eine Vorstellung, an die sich nur Menschen im Angesichts des Todes klammerten, und daß der Himmel für diejenigen da war, die sehr wenig aus sich gemacht hatten.

Rückblickend meine ich, daß ich, ohne mir dessen völlig bewußt zu sein, einen Kampf gegen das führte, was ich für Gottes Anschlag auf meine Autonomie hielt. Ich dachte, daß nur ich allein, Jerry Jampolsky, mein Leben dirigieren sollte. Nur ich vermochte zu bestimmen, was das Beste für mich und die Menschen in meinem Leben war. Ich betrachtete den Willen als ein Attribut des Geistes und glaubte, daß jeder Körper einen separaten Geist enthielt. Um meine Funktion im Leben zu erfüllen, hielt ich es für unumgänglich, zum Willen anderer Leute in Konkurrenz zu treten.

Wenn ich einen Augenblick zu denken wagte, daß es eine auf dem Willen Gottes beruhende Wirklichkeit geben könnte, war ich sicher, daß sie gegen mich wäre. Wenn sie ungehindert in Kraft träte, würde sie mir sicherlich die Dinge verweigern, die mir Vergnügen machten. Es gab einige flüchtige Augenblicke, in denen ich eine Spur bereit war, Gott die Führung zu überlassen, doch nur so lange, als ich meinte, ihn in die von mir gewünschte Richtung drängeln zu können. Vor allen Dingen wollte ich Kontrolle behalten, und daher erschien mir der Wille Gottes als ein sehr bedrohliches Konzept.

Wie ich vorher erwähnte, war mein Begriff der Wirklichkeit auf die physische Realität beschränkt. Und da ich nur ein kleiner Teil von ihr war, dachte ich, daß ich sehr oft ein Opfer der physischen Welt sei. Diese Kontrolle, die mir so wichtig war, war also äußerst begrenzt. Nicht ein einziges Mal kam mir der Gedanke, daß der Wille Gottes gerade der Teil von mir und jedem anderen Menschen sein könnte, der unsere tiefsten Sehnsüchte und unser liebevollstes Verlangen repräsentiert. Nicht einmal dachte ich daran, daß der Wille Gottes und mein wahrer Wille dasselbe sind.

Im Leben der meisten, selbst der ungläubigsten Menschen gibt es kurze Augenblicke, wenn die Dunkelheit sich lichtet und sie einen Frieden und eine Freude erleben, die nicht von dieser Welt sind. Ich erinnere mich an eine solche Begebenheit, als ich im dritten Jahr meines Medizinstudiums war. In diesem Augenblick *wußte* ich, daß es einen Gott gab. Es war in der Nacht, und ich hatte während meines Geburtshilfepraktikums eben mein erstes Baby entbunden. Das Wunder der Vollkommenheit und Harmonie in meiner Erfahrung – das Geheimnis des Lebens – ging über das menschliche Fassungsvermögen hinaus. Es erfüllte mich mit Ehrfurcht. Ich spürte, daß es eine universale Kraft, ein Wunder der Liebe jenseits meiner Vernunft geben müsse. Und ich war ein Teil dieses Wunders, ein Teil des Ganzen und dennoch eins mit dem Ganzen. Einen Moment sah ich, daß nichts im Universum getrennt existiert, daß alles und alle Menschen miteinander verbunden sind.

Leider hielt dieses Gefühl nicht lange an. Die Begebenheit wurde zu einem kostbaren Geheimnis, und dann kehrte ich zu meinen Büchern zurück und bemühte mich wieder, auf der Grundlage der physischen Wirklichkeit Fakten zu lernen, zu analysieren, zu begreifen und abzuleiten. Und wieder wurde ich zu einem Menschen, der nicht an Gott glaubte.

Was das Beten betrifft, so hatte ich keine Verwendung dafür. Ich dachte, daß Menschen, die beten, ängstlich und unrealistisch seien. Sie hätten Angst davor, selbst mit den Dingen fertigzuwerden. Mit solchen Leuten wollte ich nichts zu tun haben. Erst viel später erkannte ich, daß ich derjenige war, der Angst hatte.

Ende der sechziger und Anfang der siebziger Jahre unterhielt ich eine erfolgreiche Privatpraxis, bekleidete ehrenvolle Ämter und erfreute mich landesweit eines wachsenden Rufes auf verschiedenen Gebieten. Aber ich war dabei zum Alkoholiker geworden. Im Jahre 1974 endete meine zwanzigjährige Ehe mit einer schmerzhaften Scheidung. Ich kam mir wie ein Puzzlespiel vor, das jemand in die Luft geworfen und in Millionen Stücke verstreut hat. Ich begann alles auszuprobieren, was mir über den Weg kam, sowohl physisch wie auch geistig. Ich versuchte alle Therapien und alle Gruppen, aber nichts schien anzuschlagen. Ich wußte, daß ich dringend Hilfe brauchte, vermochte aber keinen Weg zu erkennen, der mir auch nur einen Schimmer von Hoffnung versprach. Mir war bewußt, daß manche Menschen sich in ihrer Verzweiflung Gott zuwenden, aber das war nichts für mich.

Antworte immer mit Güte

Im Jahre 1975, als ich mich noch stark in den Niederungen der Depression befand, rief mich an einem Frühlingsmorgen eine Freundin und Kollegin von auswärts aus einer Telefonzelle an und bat mich, ein unpubliziertes Manuskript zu lesen, das sie eben bekommen hatte. Sie sagte, es handle sich um eine Reihe von Manuskripten mit dem Titel *A Course in Miracles*. Sie würde sie mitbringen, wenn sie herflöge, um mich zu besuchen. Damals hielt ich diese Frau für eine Person, die sich für zu viele Dinge überschwenglich begeisterte, aber ich mochte sie sehr gern, und daher willigte ich ein, um ihr den Gefallen zu tun. Der »Kurs«, den sie mir übergab, steckte in schwarzen Kartondeckeln, und ich fing bei einem Abschnitt zu lesen an, der inzwischen gesondert als Broschüre mit dem Titel »Psychotherapie: Zweck, Prozeß, Praxis« vorliegt. Mit keiner besseren Stelle hätte ich beginnen können, an jeder anderen hätte mich die massive Verwendung christlicher Terminologie vielleicht abgeschreckt, weiterzulesen.
Wir bitten um Hilfe, und uns wird geholfen. Oft erkennen wir nicht, daß Alkoholismus, sexuelle Untreue, chronische Krankheiten und Schmerzen oder das arrogante und befremdende Verhalten anderer in Wirklichkeit Hilferufe sind. Aber Gott erkennt ohne Frage jede Bitte um Hilfe, in welche Form auch immer sie sich kleidet, und er findet einen Weg, uns so viel Hilfe zukommen zu lassen, wie wir zu dieser Zeit annehmen können.

Meine Hilfe kam in der Form des »Kurses in Wundern«, aber ich versichere Ihnen, daß ich sie zunächst nicht erkannte. Ich las anfangs nur, um mich einer Pflicht zu entledigen. Als ich fortfuhr, war ich verblüfft über das, was geschah. In einer tieferen Schicht meines Inneren, von der ich nicht einmal geahnt hatte, daß es sie gab, wurde mir mit einem Schlag vollkommen bewußt, daß ich meinen Weg gefunden hatte. Dennoch war ich nicht darauf vorbereitet, eine innere Stimme zu hören, die mir sagte: »Arzt, heile dich selbst.«

Zu meinem Erstaunen nahm mich der Kurs völlig gefangen, und ich erlebte zeitweilig einen Seelenfrieden, den ich nicht für möglich gehalten hätte. Ein gänzlich neues Leben begann sich vor mir aufzutun, als ich erkannte, daß mein Zweck hier auf Erden nur darin bestand, Gott zu erfahren und seinen Frieden zu verbreiten. Mit anderen Worten, nur Liebe zu lehren. Dann begann ich, die Weltanschauung des Kurses sowohl auf mein persönliches als auch auf mein berufliches Leben zu beziehen. Die künstlichen Mauern, die ich zwischen beiden errichtet hatte, begannen sich aufzulösen.

Im Oktober 1975, etwa fünf Monate nachdem ich mit dem Kurs begonnen hatte, machte ich eine entscheidende Erfahrung. An einem Sonntagabend war ich mit einigen Freunden aus Carmel zum Essen gegangen. Ich hatte viel getrunken, aber nicht mehr als sonst, und ich hielt mich nicht für betrunken. Gegen Mitternacht ging ich zu Bett, und um zwei Uhr morgens wurde ich von einer Stimme geweckt. Einen Augenblick dachte ich, es sei eine Halluzination, und in der nächsten Sekunde würde ich vielleicht anfangen, violette Elefanten an der Wand zu sehen, und im Delirium tremens versinken. Ich bekam einen Schrecken und setzte mich sofort im Bett auf. Da hörte ich sie wieder. Diesmal wußte ich, daß es keine äußere, sondern eine innere Stimme war. Dann erklang sie zum dritten Mal: »Du trittst in eine neue Phase des Heilens. Jetzt hast du es nicht mehr nötig zu trinken.«

Ich fing an zu schwitzen. Was würde ich als nächstes hören? Aber es kam nichts mehr, und nach ungefähr zwei Stunden schlief ich wieder ein. Als ich am Morgen erwachte, hatte ich die Erinnerung an das Geschehene vollkommen verdrängt. Ich rasierte mich, nahm eine Dusche und ging wie gewöhnlich zur Arbeit.

Um halb sieben Uhr abends kehrte ich zurück und griff nach alter Gewohnheit zur Whiskyflasche. Als ich jedoch meine Hand nach ihr ausstreckte, vernahm ich wieder die Stimme: »Das ist eine neue Phase des Heilens. Jetzt hast du es nicht mehr nötig zu trinken.« Ich zog meine Hand zurück. Überraschenderweise ging mir in den folgenden Wochen und Monaten das Trinken überhaupt nicht ab, und ich hatte nie das Gefühl, daß ich ein Opfer brachte oder gesellschaftlich eine Niete war.

Etwa ein Jahr danach, als ich den Gedanken zu fürchten begann, daß Alkohol je wieder meine Lippen benetzen könnte, gestattete ich mir ein Glas Wein oder etwas anderes, wenn es mit meiner inneren Führung in Einklang war. Aber das geschieht sehr selten, und ich habe nie wieder den leisesten Wunsch verspürt, mir eine gehobene Stimmung anzutrinken. Ich glaube, daß der Sinn der göttlichen Führung darin besteht, uns zu zeigen, wie wir unser Denken von der Angst befreien können, damit wir seinen Frieden erfahren und wahrhaft freundlich und sensibel zu anderen sind, denn dazu sind wir nicht in der Lage, wenn wir von Angst besetzt sind. Sowohl »Nein« als auch »Ja« müssen wir daher der Führung durch die Liebe überlassen.

Innerhalb von drei Monaten, nachdem ich die Stimme gehört hatte, nahm ich dreißig Pfund ab und kam von 192 auf 162

Pfund. Es war eine herrliche Erfahrung, meine sämtlichen Kleider zum Schneider zu tragen und enger machen zu lassen. Es war, als bestätigte sich ein Wunder, an das ein Teil von mir noch immer nicht glauben konnte.

Die gespaltene Existenz, die ich geführt hatte, in der ich eine Persönlichkeit in meinem Sprechzimmer und eine andere draußen war, begann sich aufzulösen. Mir wurde offenbar, daß der einzige Weg zum inneren Frieden in einem Leben bestand, das mit sich im Einklang war. Jeder Aspekt meines Lebens mußte darin eingeschlossen sein.

Solange wir nicht begreifen, wie wichtig es ist, daß unser ganzes Denken, Reden und Handeln übereinstimmen, kommen wir nur sehr langsam voran. Wenn unser Ziel noch nicht darauf ausgerichtet ist, mit Güte auf jeden Hilferuf zu antworten, meinen wir auch, daß uns oft Hilfe vorenthalten wird, wenn wir danach rufen. Wenn wir Hilfe geben, erkennen wir unweigerlich, daß die Antwort auf alle unsere Nöte bereits in der Situation enthalten ist, die uns vermeintlich Schmerz zufügt. Wenn wir völlig offen und harmlos werden, begreifen wir, daß es keinen Menschen gibt, der uns nicht Hilfe geben könnte, und keinen Augenblick, in dem wir nicht von der Liebe Gottes, seiner Führung und Gegenwart umgeben sind.

3 Lehre Liebe in einer Form, die andere verstehen

Die Form, in der wir lehren, muß für den Schüler verständlich sein. Eine Lektion, die uns einen hilfreichen Zugang zum Leben zeigt, kann unbemerkt erfolgen, wenn sie aber zuguterletzt nicht doch Beachtung findet, bleibt sie für uns ohne Nutzen. Sicher ist dies ein Grund dafür, warum die Wahrheit im Lauf der Zeiten so viele verschiedene Formen angenommen hat. Es gibt immer jemanden, der zu allen Menschen spricht. Wenn ein Buch gebraucht wird, dann erscheint es auch. Wenn wir einen Gedanken brauchen oder einen Augenblick der Stille, dann fällt uns dieser auch zu. Jeder Mensch, dem wir begegnen, und jedes Ereignis in unserem Leben wirken zu unserem Wohl, obwohl wir das zur Zeit oft nicht begreifen.

Der »Kurs in Wundern« war genau die Lehre und Hilfe, deren ich bedurfte, obwohl ich, wie schon gesagt, sie zunächst nicht als solche erkannte. Da einige Grundsätze des Heilens durch innere Einstellung von dieser Buchserie abgeleitet sind, möchte ich hier davon sprechen und versuchen, einige der in ihnen enthaltenen Lehren zusammenzufassen. Ich mache mich nicht zu ihrem Anwalt, weil ich meine, daß Sie jede Lernhilfe finden werden, wenn Sie dafür bereit sind. Ich möchte darauf verweisen, daß es mir genauso erging, als ich bereit war, das Trinken aufzugeben, und als ich für den »Kurs« bereit war. Etwas im Universum ließ nicht zu, daß diese Gelegenheiten ungenützt an mir vorübergingen. In meinem Fall wurde mir buchstäblich *gesagt,* was ich zu tun hatte. Die Ereignisse Ihres Lebens werden sich verbünden, um

Ihnen zu helfen. Sie dürfen darauf vertrauen, daß Sie die Hilfe empfangen werden, die Sie brauchen, und in einer Form, die Sie verstehen.

Der Liebe ist es gleichgültig, wie wir sie nennen

Da ich aus jüdischem Milieu komme, hatte ich Schwierigkeiten mit der christlichen Terminologie, wie sie im »Kurs« verwendet wird. Dies gilt insbesondere für den ersten Band, den *Text*. Ich las einen Absatz, und nach einer halben Stunde stolperte ich über dieselben Worte. Allmählich merkte ich, daß meine Unfähigkeit zu verstehen zum Teil auf meinen eigenen Widerstand zurückzuführen war. Ich *wollte* Worte wie Christus, Heiliger Geist und Erlösung nicht verstehen. Mir war, als ob meine Eltern mir über die Schulter blickten und »Nein!« sagten. Aber ich blieb dabei, und mit der Zeit wurde mir der Sinn hinter diesen Begriffen deutlicher. Ich sah, daß die Lehre des Kurses nicht die propagandistische, polarisierende war, die ich mein Leben lang auf Anschlagbrettern und Aufklebern gesehen hatte.

Anfangs, als ich mit dem Studium der Bücher begann, verbarg ich den Titel und sagte niemandem etwas von meiner Lektüre. Ich wollte nicht riskieren, daß jemand denken könnte, ich hätte einen spirituellen Wahn oder sei ein »Jesus freak« geworden. Und natürlich sagte ich den Klienten nichts, die in mein Sprechzimmer kamen. Daher war es wirklich eine Überraschung für mich, als viele von ihnen spontan anfingen, mir ihre spirituellen Erfahrungen zu erzählen. Dies ist ein glänzendes Beispiel dafür, daß es in der Psyche der Menschen eine Kommunikation gibt. Offensichtlich hatte ich ihnen unbewußt gestattet, über diese Dinge zu sprechen, denn sie schienen zu wissen, daß das jetzt in Ordnung war. Früher hätte ich gedacht, daß ihre Sehnsucht nach Gott völlig belanglos für ihr Streben nach geistiger Gesundheit sei.

Ich machte die Erfahrung, daß ich die Menschen, die zu mir kamen, jetzt ganz anders betrachtete. Es war nun nicht mehr so, daß ich sie als mit Schwächen behaftet sah, die ich aufgrund meiner überlegenen Ausbildung und Erfahrung beheben könnte. Was ich ihnen in früheren Zeiten gesagt hätte, wäre nur für ihre, nicht für meine Ohren bestimmt gewesen, und was sie mir gesagt hätten, wäre nur ein Hinweis auf ihre Bedürfnisse statt auf ein Problem gewesen, das wir miteinander teilten. Ich entdeckte, daß ich diesen Menschen auf einmal zuhörte wie Lehrern einer großen Weisheit, die gekommen waren, um mir zu helfen. Wir konnten unsere gemeinsame Lektion viel schneller und leichter miteinander lernen als jeder für sich, und das war der tiefere Grund, der uns zusammengeführt hatte.

Früher verließ ich mich gewöhnlich auf Freud und andere Autoritäten, um Antworten zu finden. Jetzt tue ich mein Möglichstes, mich von Gottes innerer Stimme leiten zu lassen. Ich bete mit den Klienten, die mich aufsuchen, und bitte um Führung und stelle fest, daß sie ihre Probleme viel schneller und leichter verarbeiten als früher. Der Streß, den ich mit mir herumtrug, hat in dieser besseren Atmosphäre des gegenseitigen Annehmens und der Liebe abgenommen.

Obwohl ich persönlich in dem Kurs eine unschätzbare Hilfe für meinen eigenen spirituellen Weg gefunden habe, meine ich nicht unbedingt, daß er jedem nützen würde. Ich empfehle ihn manchen, anderen nicht. Doch wie ich vorhin sagte, ist er zentral für das Heilen von Einstellungen, und daher möchte ich seinen Inhalt kurz skizzieren.

Was hat es mit dem »Kurs in Wundern« auf sich?

Die Einführung zu dem Kurs spricht für sich:

Dies ist ein Kurs in Wundern. Er ist ein Pflichtkurs. Dir ist nur überlassen, wieviel Zeit du dafür brauchst. Freier Wille bedeutet nicht, daß du den Lehrplan bestimmen kannst. Er bedeutet nur, daß du auswählen kannst, was du zu einer bestimmten Zeit durchnehmen willst. Der Kurs setzt sich nicht das Ziel, den Sinn der Liebe zu lehren, denn dieser liegt jenseits dessen, was gelehrt werden kann. Der Kurs hat vielmehr das Ziel, die Blockierungen auszuräumen, die uns daran hindern, die Gegenwart der Liebe zur Kenntnis zu nehmen, die unser natürliches Erbteil ist. Der Gegensatz von Liebe ist Angst, aber das Allumfassende hat keinen Gegensatz.
Dieser Kurs kann daher ganz einfach so zusammengefaßt werden:
Nichts Wirkliches kann bedroht werden.
Es gibt nichts Unwirkliches.
Darin liegt der Friede Gottes.

Der »Kurs«, herausgegeben von der »Foundation for Inner Peace«, umfaßt drei Bücher. Sie bestehen aus einem Text von 622 Seiten, einem Arbeitsbuch für Lernende von 478 Seiten und einem Handbuch für Lehrer von 88 Seiten. Es ist ein Kurs zum Selbststudium, und die Lehren enthalten weder eine Empfehlung noch einen Hinweis auf die Struktur einer Organisation oder Leitung. Die »Foundation for Inner Peace« veröffentlicht lediglich Materialien, die sich auf den Kurs beziehen.
Aus diesen Büchern habe ich gelernt, daß es nur zwei Emotionen gibt: Liebe, unser natürliches Erbteil, und Angst, eine Erfindung unseres Denkens, die eine Illusion ist. Jeden Augenblick des Tages wählen wir zwischen diesen beiden, und unsere Wahl bestimmt, wie unser Tag verläuft und wie wir die Welt wahrnehmen. Wenn wir Angst lehren, dann wird die Beschreibung der Wirklichkeit, die wir uns zu eigen

machen, voll Angst sein. Dagegen werden wir eine liebende Welt haben, wenn wir nur Liebe aussenden. Das heißt, daß die Welt sich nicht ändern muß, bevor wir glücklich und friedlich sein und an andere denken können. *Das einzige, was sich ändern muß, ist unsere Einstellung*. Eine Veränderung der Einstellung aber wird zugelassen, nicht erzwungen.

Durch mein Studium des Kurses machte ich die aufregende Entdeckung, daß ich ein wunderbares Potential besaß: die Fähigkeit, meine Wahrnehmungen zu verändern. Sie konnten dadurch korrigiert werden, daß ich in Frieden die Gedanken wählte, die ich denken wollte. Ich hatte es nicht mehr nötig, mich so zu sehen, als würden die Umstände mich erdrücken. Ich brauchte nicht mehr anderen Leuten die Schuld für mein Unglück und meinen Streß zuzuschieben. Und ich hatte es natürlich auch nicht mehr nötig, von den anderen die Änderung meiner Wahrnehmung zu verlangen. Vielleicht werden diese Ideen mit dem folgenden Zitat am knappsten zusammengefaßt; es ist außerdem eine perfekte Zusammenfassung der Heilung durch innere Einstellung:

Ich bin verantwortlich für das, was ich sehe.
Ich wähle die Gefühle, die ich erlebe, und bestimme das Ziel, das ich erreichen möchte.
Alles, was mir scheinbar widerfährt, erbitte ich, und ich empfange das, worum ich gebeten habe.

Der Kurs könnte als eine Form spiritueller Psychotherapie bezeichnet werden. Diese setzt voraus, daß wir alle füreinander Therapeuten sind und uns gegenseitig helfen festzustellen, was wahr und was bloße Illusion ist. Sie lehrt, daß wir Einheit mit Gott *(at-one-ment)* erfahren, indem wir einander und uns selbst als frei von Schuld erleben und indem wir die Angst loslassen. Dies verhilft uns zur Korrektur eines grundlegenden Irrtums: nämlich des Glaubens, daß Zorn uns irgend etwas bringen könnte, was wir wirklich haben wollen, und daß wir uns schützen, indem wir den Zorn rechtfertigen.

Der Kurs vertritt die Ansicht, daß die Wirklichkeit nur aus den Gedanken Gottes besteht, die liebevoll, beständig und allumfassend sind. Er lehrt, daß die wirkliche Welt, die ein Abglanz der Wahrheit ist, nur durch spirituelle Schau oder durch die Liebe, nicht durch die physischen Sinne, wahrgenommen werden kann. Sünde wird als Mangel an Liebe definiert. Das Böse, Schuld und Sünde werden als Fehlwahrnehmungen erkannt. In der illusionären Welt, in der wir nur mit den leiblichen Augen zu sehen vermögen, hat alles, was wir erblicken, ein Gegenteil oder einen Preis, und nichts ist gewiß, beständig oder in Ruhe. Aber wir sind in der wirklichen Welt beheimatet, denn wir wissen um die Liebe Gottes.

Der Kurs betont das Annehmen des Friedens. Er lehrt seine Leser, sich um die Erfahrung Gottes zu bemühen, anstatt mehr theologisches Wissen anzusammeln. Er stellt fest, daß eine *universelle Theologie unmöglich ist; eine universelle Erfahrung dagegen ist nicht nur möglich, sondern notwendig.* Obwohl er sich der christlichen Terminologie bedient, betont der Kurs, daß die Wahrheit allumfassend ist. Er sagt deutlich aus, daß der »Kurs in Wundern« nur einer von Tausenden von »Kursen« ist, die zur persönlichen Wandlung und Erlösung zu gebrauchen sind, und daß ein jeder seinen eigenen Weg zur rechten Zeit finden wird.

Der Kurs ist ein Lehrmittel, das uns hilft, zwischen zwei Denksystemen, dem des Wissens und dem der Wahrnehmung, zu unterscheiden und zu wählen. Wissen ist einfach das, was wahr ist; es ist alles Seiende. Was das Denken wahrnimmt, kann dagegen sehr unverläßlich sein. Wir sind zwar immer noch so, wie die Liebe uns geschaffen hat, aber wir können uns als etwas sehen, das der Schöpfung der Liebe sehr unähnlich ist.

Unser aller Denken ist geprägt von unseren Wahrnehmungen. Wir halten dieses Denksystem für wirklich und verteidigen seine scheinbare Wahrheit bis in den Tod. Es besteht jedoch lediglich aus einer Anzahl von Glaubenssätzen, die den Körper zum Brennpunkt und zur Grenze unserer Wirklichkeit erheben. Wenn wir unseren Körper als unsere Heimat ansehen, halten wir folgerichtig die Geburt für unseren Anfang und den Tod für die Endstation all unseres Denkens und Tuns. Es gibt keine echte Hoffnung auf ein Leben jenseits des Todes, weil innerhalb dieses Glaubenssystems Leben und Körper als ein und dasselbe betrachtet werden.

Dieses Wahrnehmungssystem ist natürlich bedingt durch das, was wir sehen und hören. Weil wir allein entscheiden, was wir wahrnehmen wollen, ist dieses System sowohl unbeständig als auch ungenau. Was wir durch unseren Körper erfahren, hat den Anschein von Wirklichkeit, weil es nur reflektiert, was wir sehen und hören *wollen*. Der Kurs stellt fest, daß *unsere Projektion die Wahrnehmung bedingt*. Was wir als Welt wahrnehmen, ist nur das nach außen verlagerte Abbild unserer inneren Gedanken und Wünsche. Wir dissoziieren uns von diesen Bildern und leugnen, daß sie ihren Ursprung in unserem Denken haben. Wir sehen die äußere Welt und die Menschen darin als völlig getrennt von uns selbst, und wir verbergen vor unserer Wahrnehmung die Tatsache, daß wir nur eine Reflexion unserer selbst in anderer Form sehen.

Wenn wir unser Verhalten analysieren, wenn wir selbstkritisch und mit uns selbst unfreundlich sind, schaffen wir automatisch eine Welt, die zornig, lieblos und voll Verzweiflung ist. Dann erkennen wir nicht, daß unser einziger Feind unsere aggressiven Gedanken sind, die wir mit uns herumtragen, und die lieblose Einstellung, an der wir festhalten. Wenn wir lernen, diesen geistigen Irrtum zu erkennen, können wir unser Denken so umerziehen, daß es über ihn hinausblickt und die Welt sieht, die ein Abglanz von Gottes wahrer Schöpfung ist. Wenn wir unsere verfehlten Begriffe von uns selbst loslassen, erinnern wir uns, daß das einzig Wirkliche an uns die Liebe ist, die immer da war, das eine, von Gott geschaffene Selbst.

Aus dem Dilemma dieser zwei Welten führt ein Vermittler, der viele Namen hat: Jesus, Seelenführer, Lehrer, Stimme Gottes, unser höheres Selbst, unser tieferes Selbst, sowie zahllose andere Bezeichnungen und Namen. Diese innere Stimme ist immer da und steht uns zur Seite, wenn wir sie anrufen und bereit sind, auf ihre Botschaft zu hören. Durch Vergebung korrigiert sie die Fehlwahrnehmung, daß wir voneinander getrennt seien. Im Augenblick der Vergebung verschwindet die illusionäre Welt der Trennung, und wir können die wirkliche Welt der Einheit und Liebe erfahren. Dann erkennen wir, daß Leben und Körper nicht dasselbe, sondern zweierlei sind, und daß das Leben ewig ist.

Der Kurs legt uns auf sanfte Weise nahe, Entscheidungen nicht selbst zu treffen, sondern in allen Dingen die innere Stimme des Friedens um Führung anzurufen. Die meisten von uns haben die Fähigkeit, auf die Anweisungen der Liebe zu hören, noch nicht entwickelt. Trotzdem besitzen wir sie alle, und wir brauchen nichts weiter zu tun, als damit zu beginnen. Jede Anstrengung, die wir machen, um unserer friedlichen Eingebung zu folgen, läßt uns den Frieden tiefer erleben. Es ist wesentlich für unseren Fortschritt, daß wir lernen, die Anweisungen der Liebe zu hören, denn wir lassen uns in all unserem Tun entweder von der Angst oder von der Liebe leiten. Eine dritte Alternative gibt es nicht.

Bevor ich mit dem Studium des Kurses begann, hörte ich fast immer auf das, was Konflikt und Angst mir eingaben, statt auf meine tief innerliche Wahl, den Frieden. Ich setzte mein Denken ein, als ob seine einzige Funktion darin bestünde, an allem etwas auszusetzen. Die praktische Anwendung der Lektionen des Arbeitsbuchs war äußerst wertvoll für mich als eine Methode, mein Denken umzuerziehen, meine Fähigkeit des Zuhörens zu entwickeln und meine Einstellung zu anderen Menschen zu heilen. So hatte ich zum Beispiel früher nie ernsthaft über die Vorstellung nachgedacht, daß *ich nicht das Opfer der Welt bin, die ich wahrnehme,* eine der 365 im Arbeitsbuch enthaltenen Lektionen. Mein ganzes Leben lang hatte ich die alte Leier wiederholt: Ich *bin* das Opfer der Welt, die ich sehe.

Andere Lektionen, die ich als besondere Hilfe empfand, sind die folgenden:

Es liegt an mir, alle Gedanken zu verändern, die mich schmerzen.
Ich rege mich nie aus dem Grund auf, den ich für den Grund halte.
Angst ist in keiner Form gerechtfertigt.
Vergebung ist der Schlüssel zum Glück.

Diese und andere Lektionen wiesen mir einen strukturierten Weg, wie ich beginnen konnte, den Schmerz und die Schuldgefühle der Vergangenheit loszulassen, in die ich so viel investiert hatte und an die ich so verhaftet war. Die Art und Weise, wie ich die Welt betrachtete und wie ich mein Denken einsetzte, begann sich zu ändern. Zum ersten Mal ging mir die Wahrheit auf, daß der wahre Schlüssel zum Glück darin besteht, keine Urteile mehr zu fällen.

Obwohl sich manchmal immer noch ein gewisser Widerstand gegen diese Anschauung bei mir regt, geschieht es doch weniger häufig. Dennoch bin ich – trotz allem, was ich in diesem Kapitel gesagt habe – immer wieder verblüfft, wie oft ich es vorziehe, recht zu haben, statt glücklich zu sein. Trotzdem bin ich dankbar, daß jeder Augenblick mir eine neue

Gelegenheit bietet, Frieden statt Konflikt zu wählen und mehr bereit zu werden, auf die Nöte der anderen einzugehen. Darum geht es im Heilen von Einstellungen: um das Loslassen aller Gedanken aus unserem Bewußtsein außer den Gedanken der Liebe; um die Korrektur der Fehlwahrnehmung, daß wir von den anderen getrennt seien und daß die anderen uns angreifen; um das Aufgeben des Bedürfnisses, unsere Beziehungen zu analysieren, zu interpretieren und zu beurteilen. Heilung von Einstellungen, d. h. innere Heilung, besteht einfach darin, daß wir sehen, ob andere Liebe aussenden oder ob sie ängstlich sind und Liebe von uns erbitten. Sie besteht darin, Angst und Schuldgefühle loszulassen und jeden Menschen, einschließlich uns selbst, als frei von Schuld zu sehen. Innere Heilung findet statt, wenn wir die Entscheidung treffen, nur Liebe zu lehren.

4 Die Grundsätze innerer Heilung

Kurz nachdem ich mit dem »Kurs« zu arbeiten begonnen hatte, erhielt ich den inneren Auftrag, ein Zentrum zu gründen, wo Kinder mit lebensbedrohenden Krankheiten sich begegnen und einander in einer Atmosphäre der Freiheit und des Angenommenseins helfen könnten. Als Arzt war ich in dem Glauben erzogen worden, daß eine kontrollierte, vorhersehbare Besserung nur auf vertikaler Ebene erfolgen konnte. Der Patient war wegen seiner geringen Erfahrung und seines begrenzten Wissens nicht in der Lage, sich selbst zu helfen. Würde er versuchen, anderen Patienten zu helfen oder sich an sie um Hilfe zu wenden, so könnte das so gefährlich sein, wie ein Blinder, der Blinde führt.

Der »Kurs« zeigte mir jetzt eine andere Auffassung, die mir bereits durch die weiter oben erwähnten Erkenntnisse deutlich geworden war. Diese neue Auffassung lieferte Beweise für ganz andere Tatsachen: daß wir einen inneren Arzt, die Stimme der Liebe, besitzen. Und daß sie, wenn wir sie zur Kenntnis nehmen, nicht nur in uns, sondern im Herzen aller anderen, auch des kleinsten Kindes oder des einfachsten und ungebildetsten Erwachsenen, zu hören ist. Wir vernehmen sie, wenn wir bei anderen auf sie hören. Weil sie Liebe ist, lernen wir sie kennen, indem wir lieben, und vertrauen ihr in jeder Einzelheit unseres Lebens.

Als Arzt hatte ich früher geglaubt, daß Freundlichkeit und Einfühlungsvermögen zwar nette Eigenschaften seien, daß es aber absolut nicht nötig sei, die Praxis der Liebe mit der Praxis der Medizin zu verbinden. Jetzt sah ich ein, daß Heilen und

Liebe nicht voneinander zu trennen sind, und so wollte ich unser Zentrum zu einem Ort machen, wo jedes Bemühen, sich selbst oder einem anderen Menschen zu helfen, durch und durch gütig und freundlich sein würde.

Ich stellte mir weniger eine Organisation als eine Atmosphäre des gegenseitigen Vertrauens vor. Hier würden Ärzte, Therapeuten, ehrenamtliche Mitarbeiter und alle Hilfskräfte mit den Kindern zusammenkommen, um voneinander als Ebenbürtige zu lernen, und nicht von einer Position der Überlegenheit aus zu »lehren« oder Körper zu verändern. In unserem Zentrum haben wir daher eine Art Etikette für alle Gruppen und Aktivitäten eingeführt: jeder muß seine Titel und sonstigen akademischen Würden ablegen, bevor er eintritt.

Ich wußte, daß das Zentrum eine Ergänzung der traditionellen medizinischen Behandlung, und nicht ein Ersatz dafür sein sollte. Das war deshalb wichtig, weil die eigentliche Wahl, die wir uns selbst und den Kindern boten, diejenige zwischen Konflikt und Frieden war. Wenn wir als Organisation den Fehler begingen, uns gegen das medizinische Establishment oder etwas anderes zu stellen, würden wir das Gegenteil von dem praktizieren, was wir zulassen wollten. Wenn Eltern ein Kind zu mir bringen, gebe ich ihnen daher immer den Rat: »Tun Sie alles, was Ihr Arzt Ihnen rät, aber verinnerlichen Sie nichts, was *irgend ein* Mensch Ihnen über die Grenzen Ihrer Zukunftschancen sagt. Denn in diesem Zentrum wissen wir, daß Ihre Chancen der Freiheit, des Glücks und Friedens überhaupt keine Grenze haben.«

Wir können nur jetzt beginnen

Diejenigen von uns, die sich zusammengetan haben, um das Zentrum zu gründen, teilten die Überzeugung, daß wir wirkliche Befriedigung und Erfüllung nur im Dienst an anderen erfahren können. Der Wunsch, echte Hilfe zu leisten, braucht keine langfristige Planung oder den Traum der Expansion. Wir haben hart daran gearbeitet, uns von dieser Art der Zukunftsorientierung freizuhalten. Wir waren daran interessiert, unsere Wahrnehmungen zu erweitern, und nicht, kranke Körper in gesunde zu verwandeln. Wir richteten unser Hauptaugenmerk darauf, unseren Begriff von Leben und Tod ganz neu zu fassen und dadurch von unserem Angstdenken frei zu werden.

Ich habe bemerkt, daß viele Reibereien entstehen können, wenn Menschen zusammenkommen, die nur ein rein äußerliches Ziel verfolgen, auch wenn dieses Ziel sehr idealistisch ist. Sie werden sich gegenseitig angreifen, wenn sie wahrnehmen, daß ein anderes Mitglied der Gruppe die Aufgabe, auf die man sich geeinigt hat, blockiert. Das tun sie im Namen eines höheren Zieles. So werden sie zum Beispiel die Gefühle eines anderen Gruppenmitglieds nicht so wichtig nehmen wie die kranken Kinder, zu deren Hilfe sie alle da sind. Dabei wird jedoch verkannt, daß nur Menschen mit geheilten Beziehungen in der Lage sind, dauerhafte Hilfe zu geben. Wir möchten Frieden weitergeben, aber dazu müssen wir ihn erst selbst haben.

Im Jahre 1975 versammelte sich eine kleine Gruppe – Gloria Murray, Patsy Robinson, Pat Taylor und ich – und gründete das »Zentrum für Heilung von Einstellungen«*. Von Anfang

* The Center for Attitudinal Healing. Gegenwärtige Adresse: 19 Main Street, Tiburon, California 94920, USA.

an nahmen wir kein Geld für die Dienste, die wir anboten. Wir begannen mit einigen kleinen Kindern, die katastrophische Krankheiten wie Krebs und Muskeldystrophie hatten oder die sich aufgrund eines traumatischen Unfalls in einer lebensbedrohenden Lage befanden. Wir entdeckten bald, daß die Geschwister und Eltern dieser Kinder das Bedürfnis nach gegenseitiger Unterstützung hatten, und so richteten wir auch für sie Gruppen ein. Später kamen noch Gruppen für Erwachsene und Jugendliche hinzu, und kürzlich haben wir mit einer Gruppe für Kinder begonnen, deren Eltern Krebs haben.

Nach dem konventionellen Modell versucht der Arzt, etwas mit dem Patienten zu *tun*. Unser Ziel im Zentrum dagegen ist es, ein Modell der Selbsterziehung zu sein. Wir bieten keine medizinische Behandlung. Da wir nicht daran interessiert sind, den Körper, sondern die Psyche zu heilen, definieren wir Heilung als ein Loslassen von Angst und Gesundheit als inneren Frieden. Wir verbünden uns mit den Kindern in dem gemeinsamen Ziel, auch unsere eigene Psyche von der Angst vor uns selbst, der Angst vor Beziehungen und der Angst vor Krankheit und Tod zu befreien.

Es könnte gut sein, daß hinter jedem einzelnen unserer Schrecken die Angst vor dem Tode steht. Ich bin sicher, daß ich zum Teil aus dieser Angst heraus das Zentrum gründen wollte. Da Kinder immer meine besten Lehrer gewesen sind, muß ich gespürt haben, daß ich von ihnen auch lernen konnte, wie grundlos sogar diese äußerste Angst ist. Und das bringen sie uns tatsächlich in einer wunderbaren Art bei. Wenn Erwachsene diese innerlich friedlichen und fröhlichen Kinder im Fernsehen oder vor einem Auditorium oder persönlich in unserem Zentrum sehen, dann schwindet auch ihre Angst vor dem Tod zumindest ein klein wenig. Der Grund liegt, wie ich meine, darin, daß sie den lebendigen Beweis vor Augen haben, daß wir glücklich sein und ein Leben führen können, das für andere ein Gewinn ist, und zwar gerade dann, wenn wir einige der von allen am meisten gefürchteten Krankheiten und Gebrechen haben. Diese Kinder haben mich gelehrt, daß unsere Fähigkeit, glücklich und nützlich zu sein, durch äußere, auch körperliche, Umstände nicht wirklich beeinträchtigt werden kann, und daß der Tod keinen Schrecken hat, wenn wir uns entschließen, andere aus unserem inneren Schatz der Liebe und des Friedens zu beschenken.

Obwohl ich beauftragt war, einen Ort zu schaffen, wo die Grundsätze des »Kurses in Wundern« demonstriert würden, erhielt ich zugleich die innere Anweisung, den Kurs an unserem Zentrum weder zu lehren noch zu benützen oder auch nur zu empfehlen. Die meisten, die mit dem Zentrum verbunden sind, studieren den Kurs nicht, aber sie stimmen allgemein mit den Grundsätzen innerer Heilung, auf denen der Kurs beruht, überein. Diese Grundsätze haben eine universelle spirituelle Basis, aber unser Zentrum ist keine religiöse Organisation, und das Milieu oder die Glaubensüberzeugung der Eltern oder der Kinder ist für uns ohne Belang. Jeder Mensch, der sich in einer physischen oder emotionalen Situation befindet, mit der sich eine unserer Gruppen oder Projekte befaßt, ist uns von Herzen willkommen.

Im folgenden gebe ich die Grundsätze der Heilung von Einstellungen wieder:

Die sieben Grundsätze

1. **Gesundheit ist innerer Frieden.** Daher besteht Heilung darin, die Angst loszulassen. Wenn wir uns die Veränderung des Körpers zum Ziel setzen, verkennen wir, daß unser einziges Ziel der innere Friede ist.

2. **Wir sind unserem Wesen nach Liebe.** Liebe kann nicht von etwas behindert werden, das nur physisch ist. Daher glauben wir, daß dem Geist keine Grenzen gesetzt sind. Nichts ist unmöglich, und es gibt keine Krankheit, die nicht potentiell rückgängig gemacht werden kann. Weil die Liebe ewig ist, brauchen wir keine Angst vor dem Tod zu haben.
3. **Geben ist Empfangen.** Wenn wir unsere Aufmerksamkeit darauf richten, zu geben und uns mit anderen zu vereinen, fällt die Angst weg, und wir empfangen Heilung.
4. **Wir sind alle geistig miteinander verbunden.** Daher ist jede Heilung eine Selbstheilung. Unser innerer Friede wird von allein auf andere übergehen, wenn wir ihn selbst angenommen haben.
5. **Es gibt keine andere Zeit als das Jetzt.** Schmerz, Kummer, Depression und andere Formen der Angst verschwinden, wenn das Denken in diesem Augenblick auf Liebe und Frieden ausgerichtet ist.
6. **Entscheidungen werden getroffen, indem wir lernen, auf die innere Stimme zu hören, die den Frieden will.** Es gibt kein richtiges oder falsches Verhalten. Die einzig sinnvolle Wahl ist die zwischen Angst und Liebe.
7. **Der Weg zu wahrer Gesundheit und wahrem Glück ist die Vergebung.** Indem wir nicht urteilen, lassen wir die Vergangenheit und damit unsere Angst vor der Zukunft los. Dabei erkennen wir, daß jeder Mensch unser Lehrer und jeder Umstand eine Gelegenheit zum Wachstum in Glück, Frieden und Liebe ist.

Diese Grundsätze sind natürlich nicht nur auf Kinder und Erwachsene mit katastrophischen Krankheiten anwendbar, sondern sind für uns alle zu gebrauchen. In den folgenden Kapiteln werde ich auf diese Grundsätze näher eingehen, einige Beispiele anführen, wie sie von anderen angewandt wurden, und Hinweise geben, wie Sie sie in Ihrem Leben anwenden können. Doch zunächst möchte ich noch ein wenig darüber sprechen, wie wir sie in unserem Zentrum anwenden.

Wir können nur einem Ebenbürtigen helfen

Die Gruppentreffen beginnen und enden damit, daß sich alle an den Händen halten, die Augen schließen und das Miteinander-Verbundensein erleben. Wir sprechen uns über unsere Probleme und Erfahrungen aus und teilen uns mit, was für uns eine Hilfe war, und indem wir das tun, üben wir uns darin, im anderen einen Lehrer zu sehen. Die Betonung liegt auf Ebenbürtigkeit; Alter und Herkunft spielen keine Rolle. Das bedeutet, daß auch die Gruppenleiter (»facilitators«) über ihre Probleme sprechen.
Als Hilfsmittel benützen wir manchmal Meditation, Entspannungstechniken, positive aktive Imagination (Bildvorstellungen), Kunst oder Gebet. Wir helfen uns gegenseitig, wenn spezifische Probleme auftauchen wie die folgenden:

Es ist mir peinlich, zur Schule zu gehen, weil ich nach der Chemotherapie alle meine Haare verloren habe.
Ich bin einsam und habe Angst, wenn ich im Krankenhaus bin.
Warum ist mir das zugestoßen?
Ich bin eifersüchtig auf meinen Bruder, weil nur er wegen seiner Krankheit Zuwendung bekommt.
Ich habe Angst, daß mein Kind sterben wird.
Meine Frau zieht sich von mir zurück, weil ich krank bin. Ich hasse sie dafür, und trotzdem liebe ich sie und will sie nicht verlieren.

Wir geben einander Kraft und Hilfestellung, indem wir uns ähnliche Gefühle mitteilen und erzählen, wie wir damit fertig werden, aber wir helfen einander am meisten dadurch, daß wir nicht urteilen, daß wir ganz offen sind füreinander und bedingungslose Liebe anbieten.

Außer den bereits erwähnten Gruppen haben wir auch ein Programm von Brief- oder Telefonfreundschaften. Ein achtjähriges Mädchen in Alaska, das Leukämie hat, kann dadurch eine Verbindung mit einem gleichaltrigen Kind in Kalifornien aufrechterhalten, das bereits erlebt hat, was das Mädchen durchmacht. Oder Eltern, die ein Kind verloren haben, können anderen Eltern mit einem schwerkranken Kind helfen. Das Zentrum übernimmt die Kosten für die Telefonate.

Wir haben auch ein Ausbildungsprogramm für Leute, die im Zentrum mitarbeiten, die unser Vorgehen und unsere Auffassung in ihre eigene Arbeit integrieren oder andere Zentren gründen wollen. Wir stellen Bildungsmaterial zur Verfügung in Form von Büchern, Artikeln, Tonbändern und Videokassetten, und nehmen an Workshops teil, halten Vorträge in medizinischen Institutionen und treten im Fernsehen auf. Unsere Arbeit wird mit wachsendem Interesse aufgenommen, und zahlreiche Krankenhäuser wenden jetzt unsere Grundsätze an. Über zwanzig ähnliche, aber autonome Zentren sind im ganzen Land entstanden, und andere bilden sich in anderen Teilen der Welt.

Ein weiteres Programm in unserem Zentrum steht allen offen, nicht nur Menschen mit katastrophischen Krankheiten. Wir nennen dieses Programm »Von Mensch zu Mensch«. Das Zentrum dient als Katalysator, indem es zwei Menschen zusammenbringt, die nur die einfache Anweisung erhalten, nicht zu urteilen und Vergebung zu praktizieren. Wie oft und in welcher Weise sie sich treffen wollen, ist ihnen überlassen.

Wenn zwei Leute sich begegnen, verhalten sie sich oft wie

zwei Insekten, die aufeinanderprallen. Ihre »Antennen« beginnen zu flattern, und sie versuchen zu erspüren, worin der andere sich von ihnen unterscheidet. Sie stellen Vergleiche an und bilden sich rasche Urteile über die Charakterzüge und die Erscheinung des anderen, um sich schlüssig zu werden, ob sie es mit einem potentiellen Feind oder Freund zu tun haben.
Gewöhnlich nehmen wir die Aktivität dieser »Antennen« nur undeutlich wahr, und dennoch reagieren wir automatisch auf ihre beschränkten und willkürlichen Vergleiche mit der Vergangenheit. Wir ignorieren die Tatsache, daß wir damit unsere Sicht dessen behindern, was wirklich im Jetzt geschieht. Folglich sehen wir die Dinge nicht unmittelbar und drücken uns vor der Verantwortung, unsere Denkweise zu ändern.
In dem »Von Mensch zu Mensch«-Programm möchten wir dieser Begegnung mit einer ganz anderen psychischen Haltung gegenübertreten. Wir nehmen uns vor, daß wir in der anderen Person nach Anzeichen von Liebe, Freundlichkeit und Frieden suchen wollen, und daß die einzige Information, die wir im Sinn behalten wollen, diejenige sein soll, die uns erlaubt, diese Person weiterhin mit freundlichen Augen anzusehen. Mit anderen Worten, wir suchen nur ihre Unschuld, nicht ihre Schuld. Wir sehen sie mit unserem Herzen an, nicht mit unseren vorgefaßten Urteilen.
Diese Haltung können wir auch in unserem täglichen Leben üben. Wir können unsere eigenen informellen »Von Mensch zu Mensch«-Programme starten, sowohl an unserem Arbeitsplatz als auch in unseren intimeren Beziehungen. Wir können therapeutische Partnerschaften bilden, in denen jede Seite sich bereit erklärt, der anderen bedingungslose Hilfestellung und Liebe entgegenzubringen.
Oft werde ich gefragt, wie wir finanziell über die Runden kommen, da alle unsere Dienstleistungen unentgeltlich sind. Als ich innerlich die Anweisung bekam, das Zentrum zu

beginnen, wurde mir gesagt: »Mach dir keine Sorgen ums Geld. Tu nur die Arbeit, und die nötigen Mittel werden dir zukommen. Vertraue auf Gott.« Die Weisung besagte außerdem, daß ich meine Zeit freiwillig zur Verfügung stellen sollte, und das tue ich immer noch. Bis vor kurzem bestand unser Stab an Mitarbeitern nur aus unbezahlten Kräften. Als das Zentrum größer wurde, haben wir einige bezahlte Stellungen geschaffen, aber wir sind nach wie vor stark auf die vielen ehrenamtlichen Helfer angewiesen, die ihre Zeit so großzügig einsetzen.

Für die beiden ersten Jahre bezahlte ich die Miete, die Telefonrechnungen und andere laufende Ausgaben. Dann begann John Robinson, ein Freund und Wohltäter, uns mit monatlichen Beiträgen zu unterstützen. Als unser Ruf sich verbreitete, erhielten wir viele Zuwendungen, kleine und größere. Später erhielten wir verschiedene große Spenden von Stiftungen. Bei dieser Ausweitung entstanden für uns Probleme, und manchmal vermochten wir nur mit Mühe unseren inneren Frieden zu bewahren. Wir mußten viele Lektionen lernen und sind immer noch dabei.

Vielleicht erzähle ich Ihnen am besten, wie die Grundsätze unseres Zentrums in der Praxis funktionieren. Davon möchte ich im folgenden sprechen, indem ich Beispiele geben, von denen die meisten Kinder mit katastrophischen Krankheiten betreffen. Ich habe in diesen jungen Menschen sehr starke und inspirierende Lehrmeister gefunden. Wenn Kinder mit lebensbedrohenden Krankheiten inneren Frieden erreichen können, brauchen dann wir, deren Probleme um so viel weniger schwer sind, uns mit einem geringeren Ziel zu begnügen?

5 Unser Ziel ist Frieden

Um Frieden zu erlangen, müssen wir erkennen, daß wir ihn in unserem Inneren bereits besitzen. Wir finden ihn in unserem Gemüt. Frieden wird nicht erreicht, sondern zugelassen. Der Körper kann uns nicht vorschreiben, wie wir fühlen oder denken sollen, denn die Quelle unseres Erlebens ist der Geist und die Art und Weise, wie wir ihn einsetzen. Wir sind nicht das Opfer unseres Körpers. Der Geist kann in Wirklichkeit nicht bedroht werden, und daher gibt es immer einen Weg zur Freiheit. Deshalb lautet der erste Grundsatz inneren Heilens:

Gesundheit ist innerer Frieden. Daher besteht Heilung darin, die Angst loszulassen. Wenn wir uns die Veränderung des Körpers zum Ziel setzen, verkennen wir, daß unser einziges Ziel der innere Friede ist.

Wir bekommen, womit wir uns identifizieren

Um inneren Frieden, Zufriedenheit und immer mehr Freiheit und Loslassen zu erfahren, müssen wir unsere alte Auffassung von Identität überprüfen. Sind wir wirklich nur ein Körper, der einige Augenblicke lebt und dann stirbt? Setzt der Körper die Grenzen für unsere Stärke, diktiert er uns, wie wir uns zu fühlen haben, und definiert er den winzigen Spielraum, in dem wir zu handeln vermögen? Oder gibt es in uns ein Potential, das keine Grenzen irgendwelcher Art kennt und das eine endlose Fähigkeit besitzt, uns glücklich und frei zu machen?

Es gibt keinen Punkt, den die kombinierte Kraft des Geistes und des Willens nicht überschreiten könnte, denn wenn sich beide vereinen, wird das Denken von Liebe durchströmt. Heute geben schon viele Systeme mehr und mehr der Erkenntnis Raum, daß der Körper dem Geist keine Grenzen setzt und daß es eine Wirklichkeit jenseits dessen gibt, was Augen sehen und Ohren hören können – eine Wirklichkeit, die darauf wartet, daß wir sie anerkennen; daß eine einzige Quelle den Geist aller Menschen verbindet und daß sie auf einer Ebene existiert, die wir hier und jetzt erfahren können.
In diesen Lehren bahnt sich offenbar eine philosophisch-spirituelle Synthese von Osten und Westen an. Organisationen wie Est, Actualizations, Silva Mind Control und hundert andere unterscheiden sich zwar in Einzelheiten, lehren jedoch alle, daß unsere Erfahrungen von unserem Denken bestimmt werden. Sie zeigen ihren Teilnehmern Wege, wie sie ihre Wahrnehmung von sich selbst und der Welt ändern können. Das Heilen von Einstellungen hat ein ähnliches Ziel, denn sobald ein Individuum beginnt, die Schranken zu beseitigen, die seiner Wahrnehmung der in ihm gegenwärtigen Liebe entgegenstehen, hat es angefangen, sich auf allen Ebenen und in jeder Weise zu heilen.
Es gibt zahllose Beispiele von Menschen, die nach einer schweren Krankheit oder nach Unfällen die Ärzte mit ihrem Lebenswillen in Erstaunen setzen und eine bemerkenswerte Rehabilitation erleben. Andere führen trotz schwerer Behinderungen ein glückliches, von Liebe erfülltes Leben. Das bedeutet nicht, daß wir unser Ziel in körperlicher Heilung sehen oder daß wir unrecht haben, wenn wir den Körper nicht heilen. Unser Ziel ist Frieden *jetzt* – in diesem Augenblick. Es ist wesentlich für unser Glück, daß die Jahre unseres Lebens, seien sie lang oder kurz bemessen, frei von Zorn sind, daß wir

unseren Körper als ein Mittel verwenden, anderen Freundlichkeit zu erweisen.

Wenn wir Frieden erfahren wollen, muß jeder einzelne von uns erkennen, daß wir die Wahl haben, uns in unserer Identität als klein und eng begrenzt oder als grenzenlos wie die Liebe zu betrachten. Wir brauchen unserer Gesundheit oder unserem Glück nicht deshalb Schranken zu setzen, weil unser Arzt, unsere Eltern oder Freunde, die Medien oder die Gesellschaft uns eingeredet haben, daß es immer Dinge geben wird, die wir nicht ändern können. Der innere Arzt gibt uns nicht den Rat, uns mit Schmerz und Tod abzufinden oder einen Kompromiß mit dem Elend zu schließen, denn es ist jedem Menschen möglich, still auf den inneren Führer zu hören, der ihn nur den Weg zur vollkommenen Freiheit lehrt. Die Liebe kennt keinen Ort, wohin sie nicht gehen, und keinen Menschen, dem sie nicht Frieden bringen könnte.

Innerhalb des Guten gibt es keine Grenze

Wir verbringen im Zentrum viel Zeit damit, uns gegenseitig daran zu erinnern, daß nichts unmöglich ist. Tinman Walker war und ist immer noch ein sehr effektiver Lehrer dieses Konzepts. Im Alter von vierzehn Jahren stieß er mit einem Lastwagen zusammen, als er mit dem Fahrrad einen Hügel hinunterfuhr. Wegen der Schwere seiner Verletzungen bestand geringe Hoffnung, daß er durchkommen würde. Nach der Entfernung eines subduralen Hämatoms (Blutgeschwulst unter der Schädeldecke) lag er im Koma. Das Ärzte-Team hatte wenig Hoffnung, daß er das Bewußtsein wiedererlangen würde, und war der Ansicht, daß er in diesem Fall nur dahinvegetieren könnte. Als er, immer noch komatös, nach

Hause entlassen wurde, gab man der Familie den Rat, ihn in einer Anstalt unterzubringen. Weil seine Angehörigen jedoch an die heilende Kraft der Liebe glaubten, hatten sie, was seine Pflege angeht, andere Vorstellungen.

Einundachtzig Tage nach seinem Unfall erwachte Tinman aus dem Koma. Seine rechte Körperhälfte war spastisch gelähmt und seine Artikulation war mühsam und schwer verständlich. Er erhielt die beste physikalische und Beschäftigungstherapie, die seine Eltern finden konnten. Mit der Zeit war er in der Lage, in die Schule zurückzukehren.

Vor seinem Unfall war Tinman ein hervorragender Sportler gewesen, aber jetzt konnte er kaum gehen. Wegen seiner physischen Behinderungen betrachtete er sich als einen Außenseiter und verbrachte deshalb viel Zeit zu Hause, ohne Freunde und allein.

Nach dreieinhalb Jahren sagte ein Sprachtherapeut, der ein Gutachten über ihn abgab, daß keine weiteren Fortschritte mehr zu erwarten seien. Da verloren er und seine Eltern den Mut und beschlossen, sich um Hilfe an das Zentrum zu wenden. Sie hatten von uns nur gehört, daß wir nichts für unmöglich hielten.

Als Tinman zu uns kam, war er in vieler Hinsicht schwer behindert. Er konnte nur langsam und stockend sprechen. Wegen der zurückgebliebenen Paralyse trat er sehr vorsichtig auf und hinkte. Doch schon bei unserer ersten Begegnung beeindruckte mich der Glanz in seinen Augen. Ich hatte sofort das starke Gefühl, daß er und ich wertvolle Lehrer füreinander sein würden und daß wir uns auf ein Wunder in unserem Leben gefaßt machen könnten.

Eine Woche nach unserer Begegnung bekam ich zwei Theaterkarten geschenkt, und ich lud ihn ein, mit mir hinzugehen. Er willigte ein. Vorher besuchten wir ein Restaurant, wo er nur mit großer Mühe essen konnte. Er brauchte nicht nur lange, um seine Mahlzeit zu beenden, sondern als wir weggingen, hatte er große Schwierigkeiten, sich auf den Straßen von San Francisco fortzubewegen. Ich merkte, was für ein großer Lehrmeister in Geduld er für mich sein würde und was für ein Lehrer er für seine Familie bereits gewesen sein mußte.

Tinman verbrachte im Zentrum viel Zeit mit der Gruppe und hatte viele Einzelsitzungen mit mir. Er fand außerdem einen guten physikalischen Therapeuten, der bereit war, mit ihm zu arbeiten. Wir hatten alle ein Ziel: wir hatten den Entschluß gefaßt, daß aus Tinman wesentlich mehr werden sollte als eine negative Statistik. Und wenn das Denken von zwei oder drei Menschen sich in einem einzigen, liebevollen Ziel vereint – dann geben Sie acht, was passiert!

Wir machten Tonbänder für ihn, die er sich selbst vorspielen konnte, wenn er schlief. Zuerst war nur meine Stimme drauf, aber später verwendete er seine eigene. Es handelte sich um Kassetten zur fortgesetzten Wiederholung einer Drei- bis Fünf-Minuten-Aufnahme, die einfach zu handhaben und leicht erhältlich sind.

Auf dem ersten Tonband sagte ich Tinman, daß er sein Gehirn wie eine Tafel ansehen und alles auslöschen sollte, was ihn an eine Zeit der Sprachschwierigkeiten erinnerte. Statt dieser Szenen des Kummers sollte er sich Szenen vorstellen, in denen sein Sprechvermögen sich ständig besserte. Ähnliche Suggestionen gab ich ihm bezüglich seiner Gehschwierigkeiten, seiner spastischen Paralyse und anderer verwandter Probleme. Jeden Abend löschte er im Geist die negativen Bilder und ersetzte sie durch die positiven einer vollen Körperbeherrschung. Diese mentalen Bilder sollte er in spezifischer Form visualisieren, etwa indem er sich sah, wie er Ski fuhr und ein Auto chauffierte.

Ungefähr einen Monat später kam Tinman in mein Sprechzimmer und sagte, ich sollte ihm zuschauen, denn er würde jetzt aus dem Stand ein Loch in den Boden machen. Fröhlich sprang er etwa fünfzehn Zentimeter in die Luft und landete auf seinen Füßen. Er sagte, daß er das zum ersten Mal seit seinem Unfall zuwege gebracht hätte.

Die anderen Jugendlichen in Tinmans Gruppe waren sehr geduldig mit ihm. Er erzählte gerne Witze, und den meisten von uns kam es vor, als würde er ewig dazu brauchen, um eine Geschichte zu erzählen. Später sagte er mir, daß das Zentrum für ihn der erste Ort war, wo die Leute geduldig genug waren, seine Geschichten anzuhören, ohne ihn zu unterbrechen oder einen Satz für ihn zu beenden. In unserem Tagesablauf sind wir oft ängstlich darauf bedacht, Zeit zu sparen. Aber wie könnten wir unsere Zeit besser anwenden, als einem anderen in Liebe zuzuhören?

Nachdem Tinmans Sprechfähigkeit sich gebessert hatte, fand er eine weitere Anwendung für positive Bildvorstellungen. Bei einem Treffen sagte er uns, daß er in der Schule Schwierigkeiten mit Italienisch habe. Jedesmal, wenn er eine mündliche Prüfung hatte, erstarrte er und konnte die richtige Antwort nicht geben. Wir schlugen vor, daß er die Augen schließen und sich vorstellen sollte, daß er sich an einem Ort befinde, wo er ganz entspannt wäre. Für Tinman war ein solcher Ort in den Bergen. Dann ließen wir ihn alle alten Tonbänder in seinem Geist löschen von Zeiten, wo er bei Prüfungen schlecht abgeschnitten hatte, und sagten ihm, daß er sie durch positive ersetzen sollte, die ihn ruhig, entspannt und mit der richtigen Antwort auf die Prüfungsfragen zeigte. Wir schlugen außerdem vor, daß er seinen Lehrer als einen Freund betrachten sollte, der ihm helfen wollte, statt als Feind, der darauf aus war, seine Schwächen herauszufinden und ihn bloßzustellen. Wir trugen ihm auf, bis zur nächsten Prüfung diese Bildvorstellungen jeden Morgen nach dem Erwachen und jeden Abend vor dem Einschlafen zu üben. Wenn ihn dabei Angst überkam, sollte er eine Pause machen und sich selbst entspannt in den Bergen vorstellen. Dann sollte er mit seiner »positiven, aktiven Bildimagination« weitermachen, bis er sie fünfmal hintereinander ohne Angst durchführen konnte.

Beim nächsten Treffen erzählte Tinman uns aufgeregt von seinem großen Erfolg bei der Italienischprüfung. Auch andere Kinder in der Gruppe gaben zu, daß sie Schwierigkeiten mit Prüfungen hatten, und so wurde er zum Lehrer für die anderen und bestätigte wiederum, wie wichtig positive Vorstellungen sind.

Der Höhepunkt meiner Arbeit mit Tinman war ein Ereignis, das mir Tränen der Freude in die Augen trieb. Ich sollte vor einer Gruppe von Ärzten in Los Angeles einen Vortrag halten und fragte ihn, ob er mitkommen wollte. Er antwortete lächelnd, daß er verhindert sei, weil er zum Langlaufen gehen wollte.

Wir sind nicht nur ein Körper. Wir sind frei

Joe Marks ist ein weiteres Beispiel eines Kindes, das die scheinbaren Beschränkungen seines Körpers überwand und weit über das hinausging, was man im entferntesten für möglich gehalten hatte. Ich überlasse es Mary Marks, seiner Mutter, einen Teil von Joes Geschichte zu erzählen.

An einem Abend im September 1977 erhielt ich an meinem Arbeitsplatz in Südkalifornien, wo ich eine chiropraktische Ausbildung machte, die telefonische Nachricht, daß meine beiden Söhne, die bei ihrem Vater und ihrer Stiefmutter in Nordkalifornien lebten, einen Unfall mit einem Traktor hatten. Der jüngere war unverletzt, aber man riet mir zu kommen, weil man nicht wußte, ob der ältere durchkommen würde.

Von Los Angeles gab es keine direkten Flüge nach Eureka, und

daher brauchte ich fünfzehn Stunden, bis ich das Krankenhaus erreichte. Ich fand meinen zwölfeinhalbjährigen Jungen nackt unter einem Laken mit einem riesigen Kopfverband, sein Bein im Strecker, mit zwei Infusionsflaschen und verschiedenen Sonden, davon zwei in seiner Nase, eine für Sauerstoff und eine andere, die ihm den Magen auspumpte. Er war ein furchtbarer Anblick und nicht mehr der normale, gesunde Junge, den ich vor wenigen Wochen gesehen hatte. Von dem Unfall hatte er gebrochene Rippen, drei Beckenbrüche, sein rechter Schenkel war entzwei, er hatte mehrere Schädelbrüche – seine ganze Schädelbasis war zersplittert –, und aus seinem Ohr drang Nervenwasser. Sein Kopf sah aus wie eine zerquetschte Wassermelone. Man erwartete, daß er nicht mehr lange leben würde.
Ohne noch mehr grauenvolle Einzelheiten anzuführen, kann ich sagen, daß so viele seiner Körperfunktionen geschädigt waren, daß er nicht atmen konnte und daß er neben anderen Komplikationen eine Lungenentzündung bekommen hatte. Das EEG zeigte nur noch langsam dahinrollende, beinahe flache Gehirnwellen, die besagten, daß Joe, sollte er durch ein Wunder überleben, offensichtlich nur vegetieren würde, ohne sich bewegen oder denken zu können. Im übrigen konnten sie für die Rippenbrüche nicht viel tun, und zuerst hatten sie sein Bein nur im Strecker, ohne es einzurichten. Später verwendeten sie Nägel und einen Gipsverband, damit man ihn leichter bewegen konnte.
Wir blieben rund um die Uhr bei Joe. Es war fast das einzige, was wir für ihn tun konnten. Doch als mich kürzlich jemand aufforderte, einen schönen Ort zu visualisieren, gingen meine Gedanken in diese Intensivstation, wo ich neben Joe saß. Von dem Jungen war nichts mehr übrig als reine Liebe. Er schien völlig leer und teilnahmslos. Seine Augen bewegten sich nicht, und als er in den Finger gekniffen wurde, war sein Nervensystem so herunter, daß es nicht einmal eine primitive Reaktion gab. Und so lag er drei Monate lang da, und trotzdem war es für mich eine Freude, nur bei ihm zu sein. Es war, als wüßte der ganze Staat Kalifornien, daß Joe verletzt war. Ständig wurden Fürbitten für ihn gehalten und jeden Abend um neun Uhr eine regelmäßige Meditation. Der ganze Raum schien zu leuchten, und Joe schien einfach zu glühen, wie er da lag, ohne zu reagieren. Leute kamen

herein, nur um bei ihm zu sein, und sie sagten oft, daß sie da eine Art von Liebe oder Energie gespürt hätten. Das verstärkte natürlich meine eigene Fähigkeit, ihm meine Liebe auszudrücken.
Nach etwa fünf Wochen legte man uns nahe, ihn in eine Anstalt zu bringen, aber wir akzeptierten das nicht. So brachten wir ihn in ein Krankenhaus in einem Indianerreservat, in dessen Nähe sein Vater und seine Familie lebten. Das Krankenhaus war sehr klein, mit nur neun Betten, und wurde von einem Arzt geleitet, der ein guter Freund der Familie war.
Plötzlich bemerkte ich, daß ich eine Menge Einfluß auf Joes Leben hatte. Der Doktor interessierte sich sehr für Ernährung und forderte mich auf, Joes Diät zu überwachen. Er hatte eine Art Milchshake durch eine Sonde in seiner Nase bekommen. Ich änderte das Rezept und gab viel pulverisierte Vitamine und Minerale dazu. Ich nähte ihm ein paar bunte Kittel anstelle der weißen, die er trug. Ich wusch ihn, putzte seine Zähne und kämmte ihm das bißchen Haar, das wieder nachwuchs. Wir spielten in seinem Zimmer ständig Rock-and-Roll und klassische Musik. Ich saß in diesem Zimmer, und es wurde mein Heim, meine ganze Existenz.
Ich verbrachte viel Zeit damit, Joe im Arm zu halten und zu streicheln. Dann bewegten wir seine Arme und Beine und drehten ihn um, damit er sich nicht wundlag. Sein Bett sollte hochgestellt werden, um seinen Blutkreislauf anzuregen, aber statt dessen hielt ich ihn aufrecht und nahm ihn oft in den Arm. Natürlich war er abwesend, aber er war mein Kind. Ich liebte ihn, und es machte nichts aus, daß die einzige Reaktion, die ich bekam, die Wärme seines Körpers war.
Dann meinte sogar dieses kleine Krankenhaus, daß es nicht gerechtfertigt wäre, ihn länger zu behalten. In vieler Hinsicht war eine Besserung eingetreten. Die Lungenentzündung war verschwunden sowie die Niereninfektion und der Katheter. Die Luftröhrensonde war entfernt worden, die Narben verheilten, die Knochen heilten. Er tickte sozusagen, aber er war nicht wach. Er war in einem Koma, und man wollte, daß wir ihn anderswo unterbrachten.

Aber kurz bevor die Familie Marks Joe aus dem Krankenhaus holen mußte, begann er zu reagieren. Erst drückte er die Hand seines Vaters, dann bewegte er ein Bein, wenn seine Mutter ihn dazu aufforderte. Er konnte nicht nur ihre Stimme hören, trotz der Tatsache, daß seine Trommelfelle punktiert und alle Knochen zertrümmert waren, sondern er führte auch Anweisungen aus.
Als Mary Marks an jenem Septemberabend hörte, was ihrem Sohn zugestoßen war, war ihre erste Reaktion Wut. Das Gefühl dauerte nur wenige Augenblicke, bevor ihre Haltung und ihre Gefühle sich veränderten.

Ich hielt einen inneren Dialog mit Joe und sagte ihm, daß ich alles verstünde, daß alles okay war, daß er auch gehen durfte, wenn seine Seele es tun mußte. Ich sagte ihm innerlich, daß beides in Ordnung sei. Ich betete eigentlich nicht so sehr um seine Heilung als um Verständnis für das Geschehene.

Es ist schwer, Ihnen einen Begriff davon zu geben, mit welcher Hingabe, Bereitschaft und Liebe sein Vater Keith, seine Stiefmutter Sharon und seine Mutter Mary Joe überschütteten. Sie empfanden alle, daß Joe ein Teil der Familie war, gleichgültig, in welchem Zustand er sich befand, und es war ganz ihre Absicht, daß Joe dieses Zugehörigkeitsgefühl immer haben sollte.
Nach dem Ende seines Aufenthalts in dem Indianerhospital erwähnte Joes Großmutter Mary gegenüber meinen Namen. Sie studierte den »Kurs in Wundern« und hatte in einem Vortrag von mir gehört, daß der Geist keine Grenzen hat. Außerdem hatte sie die Geschichte von Tinman Walker beeindruckt. Joes Arzt rief mich an und bat mich um eine Konsultation. Ich flog nach Eureka, wo er mich abholen und mit mir in die kleine Stadt Hoopa fliegen wollte. Es kam jedoch ein Sturm, der den Weiterflug verhinderte, und so fuhren wir schließlich mit dem Auto.

Endlich fanden wir den Wohnwagen, in dem Joe und seine Mutter wohnten. Joe lag im Bett und sah sehr niedergeschlagen aus. Er konnte nicht sprechen und war vollkommen blind aufgrund einer bilateralen optischen Atrophie. Er war fast völlig gelähmt. Trotz alledem spürte ich etwas wie eine positive Erwartung, eine Haltung von »Wir schaffen es«, die von Joe, seiner Mutter und der ganzen Atmosphäre in dem kleinen Wohnwagen ausging.

Ich erklärte Joe und seiner Mutter unsere Arbeit im Zentrum und erzählte die Geschichte von Tinman und anderen Jugendlichen, die wir erlebt haben. Ich betonte unseren Glauben, daß die Menschen im Geist vereint sind und daß nichts unmöglich ist. Dann erzählte ich von einem unserer Projekte, das Tammy Cohen und später Cheryl Balsan leitete, indem wir blinden Kindern beibrachten, Farben und Gegenstände wahrzunehmen, ohne sie zu berühren. Ich sagte Joe, daß wir einen vierzehnjährigen blinden Jungen namens Harold Alexander hatten, der nicht nur Farben identifizieren, sondern auch Rad fahren und viele Dinge tun konnte, die die meisten Leute nicht erwartet hätten. Joe fand diese Möglichkeiten verlockend.

In der nächsten Stunde beschäftigten wir uns damit, einige Aspekte der geistigen Vereinigung aller Menschen zu erleben. Ich sandte Joe die Gedanken »Rot« oder »Blau«. Er nickte bei Rot und schüttelte den Kopf bei Blau. Innerhalb einer Stunde konnte er die Farben mit achtzigprozentiger Genauigkeit bestimmen, und seine Depression begann zu schwinden. Er wurde sogar sehr munter.

Ich sagte Joe, daß sein Geist nicht auf den Körper beschränkt sei, und teilte ihm folgende Lektion aus dem Kurs mit:

Ich bin nicht ein Körper. Ich bin frei. Denn ich bin noch so, wie Gott mich geschaffen hat.

Ich sagte ihm noch drei weitere Dinge. Erstens, daß er sich in Gedanken Filme vorstellen konnte, in denen er sich sah, wie er gehen und reden konnte. Zweitens, daß er sich mit Gott vereinen konnte, da er an Gott glaubte, daß er alle Zweifel löschen und annehmen konnte, daß bei Gott nichts unmöglich sei. Drittens schlug ich ihm vor, da er in wenigen Tagen nach Los Angeles fliegen und in eine spezielle Rehabilitationsklinik für neurologisch geschädigte Patienten kommen würde, daß er zwar das Gefühl haben könnte, niemandem auf der Welt ginge es schlechter als ihm, daß es aber trotzdem gut für ihn wäre, einen Menschen zu suchen, dem er helfen könnte, wenn er in die Klinik kam.

Ungefähr einen Monat später erhielt ich einen Brief von Mary. Sie schrieb mir, daß Joe Zeiten großer Traurigkeit durchgemacht habe. Auf seiner Station sei ein kleines Kind, das an einer Störung des zentralen Nervensystems litt und unaufhörlich weinte. Kein Medikament schien zu helfen. Mary erinnerte sich daran, daß ich gesagt hatte, Joe solle einem anderen Menschen helfen, und da hob sie plötzlich das Kind auf, trug es zu Joes Bett hin und setzte es ihm auf den Schoß.

Zuerst sah Joe erschrocken drein. Dann begann er mit seiner linken Hand, die sich noch etwas bewegen konnte, das Kind sanft zu streicheln, das beinah im selben Augenblick zu weinen aufhörte. Mary schilderte die Situation so, als ob beide Kinder sich zu einem höheren Bewußtseinszustand erhoben hätten, in dem es nur Glückseligkeit und Frieden gab.

Ich flog einige Male nach Südkalifornien, um Joe und seine Familie zu besuchen. Bei einem Besuch nahm ich Tinman Walker mit. Wir kamen genau zur rechten Zeit. Joe, seine Stiefmutter und seine Mutter hatten den Mut verloren. Tinman kam herein und begann Joe zu erzählen, daß er Dinge tun konnte, welche die Ärzte nie für möglich gehalten hatten, und daß Joe das auch könnte. »Du mußt dir nur immer sagen: ›Ich

kann es; nichts ist unmöglich‹, und alle deine Zweifel ablegen.« Später sagte Joes Familie, daß Tinman mehr wert war als alles, was andere ihnen gesagt und was sie gelesen hatten. Sie hatten zum ersten Mal wirklich einen Menschen erlebt, der sich in ähnlicher Lage befand wie Joe und es geschafft hatte. Zwei Monate später begann Joe mit etwas Hilfe zu gehen.
Später fuhr ich mit einigen Mitarbeitern und einigen unserer Kinder nach Fullerton, Kalifornien, wo ich auf einer Tagung ein Referat zu halten hatte. Ich rief Mary den Abend vorher an und erkundigte mich, wie es ihnen ginge. Sie erzählte überschwenglich, daß Joe angefangen hatte zu sprechen! Ich fragte sie, ob sie Interesse hätten, zu der Tagung zu kommen und daran teilzunehmen. Sie antwortete begeistert: »Ja!«
Auf der Tagung waren lauter Leute im Auditorium, die im Gesundheitswesen tätig waren. Als Joe an der Reihe war zu sprechen, stand er auf und sagte: »Man kann nie wissen, was ein anderer in der Zukunft schaffen kann. Sehen Sie mich an. Ich hätte dahinvegetieren sollen. Sagen Sie Ihren Patienten, daß sie nie aufgeben sollen, daß nichts unmöglich ist – sehen Sie nur mich an.« Tränen der Freude stiegen mir in die Augen und ich glaube auch allen anderen.
Ein anderes Mal nahm ich Harold Alexander, der blind war, und seine Freundin zu einem Besuch bei Joe mit. Dieses Wochenende war eine Erfahrung, die ich nie vergessen werde. Stellen Sie sich vor, was ich empfand, als wir das Flugzeug bestiegen und ich erfuhr, daß Harold noch nie geflogen war. Die erste Flugerfahrung eines blinden Menschen mitzuerleben, ist wirklich ein Geschenk!
Als wir in Joes Haus kamen, erzählte Harold, daß in der vergangenen Woche seine Schwester und ihre Freundin ihn besucht hätten. Als sie das Zimmer betraten, sagte er zu der Freundin: »Deine Kleider sind heute anders.« Sie antwortete: »Woher weißt du das? Du bist doch blind.« Er wollte gerade

etwas erwidern, als Joe ihn unterbrach und sagte: »Ich weiß, was du gesehen hast; sie hatte keinen Büstenhalter an.« Worauf Harold sehr überrascht aussah und fragte: »Wie konntest du das wissen? Du warst ja gar nicht dabei.« Dann fingen sie beide an zu lachen. Hier waren zwei Jungen, die bei verschiedenen Gelegenheiten die Erfahrung machten, daß sie spürten, wenn ein Mädchen keinen Büstenhalter trug, obwohl sie es nicht sehen konnten, und legten damit ein Zeugnis ab für das Potential des Geistes.

An diesem Tag sah ich, wie Harolds Freundin Fotos von ihm machte. Später, als ich mich mit Keith, Joes Vater, unterhielt, glaubte ich meinen Augen nicht zu trauen. Da stand Harold mit einer Kamera und fotografierte seine Freundin! (Das Bild wurde übrigens großartig.) Kurz nach unserem Besuch begann auch Joe zu fotografieren und stellte die Kamera mit bemerkenswerter Genauigkeit auf seine Objekte ein.

Joe lebt jetzt in Idaho mit seinem Vater und seiner Stiefmutter. Er kann ohne Hilfe gehen, ist ein guter Schwimmer und besucht normale Schulklassen seiner Altersstufe. Er macht immer noch Fortschritte und ist weiterhin eine Leuchte und ein Lehrmeister für uns alle.

Angst ist die Aufforderung zum Frieden

Ich bin sehr dankbar für die Zeit, die ich mit diesen jungen Lehrmeistern verbringen darf, denn sie erinnern mich ständig daran, daß es keine Grenzen gibt, die wir nicht überschreiten können – ein Konzept, das ich immer wieder erwähne, aber trotzdem oft vergesse. Ein jeder, der Tinman, Joe oder Harold sieht, muß anerkennen, einen wie großen Teil der Heilung das Loslassen von Angst ausmacht.

Richtig betrachtet, kann die Angst als eine Aufforderung unserer Psyche gedeutet werden, zu einer höheren Ebene der Freiheit aufzusteigen. Wir sind nicht aufgefordert, von der Gefahr wegzulaufen, sondern uns in Sicherheit zu begeben. Zwischen diesen beiden Richtungen besteht ein riesengroßer Unterschied.

Sicherheit liegt im »Ich kann«. Wir wählen immer zwischen einer Bejahung und einer bloßen Verneinung des Lebens. Entweder helfen uns unsre Gedanken und richten uns auf, oder sie führen uns in Depression und Hoffnungslosigkeit. Auch die geringste Kritik oder Beschwerde unsererseits stützt ein ganzes Denksystem, welches das Licht in jedem einzelnen Lebewesen vor uns verleugnet. Unsere Ideen sind wie die Trittsteine auf unserem Weg. Es gibt keinen einzigen Gedanken, der uns nicht irgendwo hinführt. Daher dürfen wir unser Inneres nicht im Konflikt belassen, wenn wir die Richtung von Gesundheit und Frieden einschlagen wollen.

Um frei von Konflikt zu sein, braucht man nur eines: ein Ziel, das selbst konfliktfrei ist. Etwas verändern zu wollen, ist eine Form des Kampfes; etwas haben zu wollen, das uns erst in der Zukunft gehören kann, bedeutet, unser Potential zu blockieren, im Jetzt glücklich zu sein. Setzen Sie sich daher ein Ziel, das Sie erfüllen können, wo Sie gerade stehen. Machen Sie aus diesem Augenblick ein Tor zur Freiheit, und Sie werden bemerken, daß es sich jedesmal, wenn Sie in Frieden zu diesem Augenblick zurückkehren, ein Stückchen weiter öffnet.

6 Wir sind Liebe

Die Grundsätze inneren Heilens bedingen sich gegenseitig und hängen zusammen. Wenn ich sie näher erläutere und Beispiele gebe, werden Sie sehen, daß sie sich überschneiden, und daß jede Erläuterung und jedes Beispiel im allgemeinen Aspekte anderer Grundsätze einbezieht. Der zweite Grundsatz des Heilens durch innere Einstellung lautet:

Wir sind unserem Wesen nach Liebe. Liebe kann nicht von etwas behindert werden, das bloß physisch ist. Daher glauben wir, daß dem Geist keine Grenzen gesetzt sind. Nichts ist unmöglich, und es gibt keine Krankheit, die nicht potentiell rückgängig gemacht werden kann. Weil die Liebe ewig ist, brauchen wir keine Angst vor dem Tod zu haben.

Die Liebe ist der Teil von uns, der wirklich ist. Weil die Liebe selbst unser Potential ist, sind wir nicht auf den Körper beschränkt und den Verfassungen oder »Gesetzen« des Körpers nicht unterworfen. Kommunikation mit anderen vollzieht sich von Liebe zu Liebe und nicht von unseren vergangenen Erfahrungen zu den ihren. Keine zwei Erfahrungen der Vergangenheit sind identisch, und eine Kommunikation, die auf Urteilen beruht, trägt den Konflikt schon in sich. Wenn Kommunikation aber auf Liebe beruht, dann ist sie tief befriedigend und heilend. Sogar unsere Angst, daß der Tod sie unterbrechen könnte, beginnt zu schwinden.

Was ist also Liebe? Weil man sie erleben muß, damit sie Sinn bekommt, kann ich sie nicht für Sie definieren und kann nur sagen, daß sie die vollkommene Abwesenheit von Angst und die Erkenntnis unserer vollkommenen Einheit mit allem Leben ist. Wir lieben den anderen, wenn wir sehen, daß unsere Interessen nicht getrennt sind von den seinen, und so vereinen wir uns mit ihm in dem, was er wirklich will. Dies ist eine Vereinigung auf höherer seelischer Ebene, nicht ein Bündnis von Egos.

Liebe läßt sich nicht auf gewöhnliche Art und Weise beurteilen oder beweisen. Die Tatsache, daß wir sie nicht messen können, macht sie jedoch nicht weniger real. Wir alle haben einen Hauch von der reinen, bedingungslosen Liebe erfahren, und zweifellos wissen wir mit einem Teil von uns, daß es sie gibt. Wir fangen an, uns der Liebe bewußt zu werden, wenn wir uns entscheiden, andere anzunehmen, ohne sie zu beurteilen, und uns mit Güte bemühen, zu geben, ohne einen Gedanken, etwas dafür zu bekommen. Dies bedeutet zum Beispiel, daß wahre Liebe nicht ein Geben ist, um die Haltung eines anderen zu ändern, um schlechte Stimmung in Frohsinn oder Undankbarkeit in eine dankbare Haltung uns gegenüber zu verwandeln. Wahre Liebe ist eine vollkommen reine und unbeschwerte Form des Gebens. Sie wendet sich frei an die Liebe des anderen und ist ihr eigener Lohn.

Das Wort Liebe, wie wir es gewöhnlich gebrauchen, ist etwas ganz anderes als die wirkliche Liebe. Es ist ein Geben, um zu empfangen. Es ist ein Geschäft, ein Handelsabkommen. Das läßt sich deutlich in romantischen Beziehungen erkennen, wobei jeder Partner in der Erwartung gibt, daß er Liebe in der spezifischen Form, die er sich wünscht, zurückbekommt. Bedingte Liebe ist auch das, was in den meisten Eltern-Kind-Beziehungen als Güte passiert. Hier hängt die Zuwendung von Liebe von Wohlverhalten und erwünschten Einstellungen ab. Eltern suchen oft eine Bestätigung ihres eigenen Wertes durch die Leistungen des Kindes und durch Respektsbeweise. Ein Kind liebt seine Eltern oft nur dann, wenn es das bekommt,

was es sich vermeintlich wünscht, sei es ein neuer Besitz oder Anerkennung und Lob. Eine solche Liebe ist nicht verläßlich oder dauerhaft. Ihre vorübergehende Natur erzeugt eine unterschwellige Angst in uns, daß wir im nächsten Augenblick verlassen werden.
Wenn wir wirkliche Liebe geben, kümmern wir uns nicht um unser Verhalten oder das eines anderen. Wir fühlen uns natürlich, weil wir erkennen, daß die Liebe unser natürlicher Zustand ist. Wir sind uns keiner Grenzen bewußt. Wir stellen das Potential von etwas, das gut ist, nicht in Frage, und wir denken nicht an Zeit. Wir sind uns des Jetzt bewußt und all dessen, was es enthält. Wenn wir Liebe geben, sind wir frei und im Frieden. Das Heilen von Einstellungen zeigt uns, wie wir diese Erfahrung von Liebe zulassen können, die einzig wirklich existierende Liebe.

Liebe ist unser Wesen

Wir alle glauben, daß wir tiefe Befriedigung ersehnen, um weniger an Konflikten, Ängsten, Streß und Depressionen zu leiden. Tief in unserem Herzen wünschen wir uns das wirklich. Aber auf der funktionellen Ebene entscheiden wir uns nicht für den Frieden anstelle von Konflikt, nicht für Freude anstelle von Angst, weil wir meinen, daß eine solche Wahl Opfer erfordert. Wir meinen wirklich, daß wir aus Rache Befriedigung schöpfen können; daß wir recht haben können, wenn wir beweisen, daß ein anderer unrecht hat; daß wir »ein bißchen Frieden und Ruhe« gewinnen können, wenn wir einen Menschen demütigen, der uns Schwierigkeiten bereitet. Es scheint uns folgerichtig, unsere Kinder mit Strenge zu behandeln, um sie zur Güte zu erziehen. Wir meinen, daß es Leute gibt, denen es aufgrund ihres Verhaltens recht geschieht, daß sie verlieren, und daß der Schmerz, der ihnen zuteil wird, Gerechtigkeit ist. Wir versuchen, unsre Liebe zu einer Person zu steigern, indem wir andere ausschließen. Wir halten Schuldgefühle für etwas Attraktives. Wir glauben, daß Schmerz etwas Angenehmes sein kann, daß Nehmen ein Gewinn ist. Aber wir wundern uns, warum diese Lebensanschauung uns keinen Frieden bringt, und dennoch sehen wir keinen Grund, unsere Grundüberzeugungen zu ändern.

Es ist klar, daß wir eine Erfahrung brauchen, die uns innerlich zur Vernunft bringt. Diese Erfahrung, von der wir alle mehr brauchen, ist die Liebe. Um tiefer in die Atmosphäre der Liebe einzusteigen, müssen wir anfangen, uns weniger mit dem Körper als mit unseren auf Liebe bezogenen Gefühlen zu identifizieren, weil diese Gefühle das aussprechen, was immer in uns war, was unser schäbiges Image von uns selbst aber nicht erkennen ließ. Um es zu sehen, müssen wir es herausbringen, denn nur wenn wir Gutes erweisen, wissen wir, daß dieses Gute in uns ist und daß wir selbst gut sind. Es herauszubringen, heißt jedoch nicht immer, es auszuagieren, sondern es in unserem Herzen und Gemüt zu verwirklichen.

Wenn wir zu sehr an den Körper und sein Verhalten denken, kann die Liebe unser Gemüt nicht durchfluten, weil der Körper bloß das andere ist. Um zu lieben, müssen wir erkennen, was in uns und allen Lebewesen dasselbe ist. Die Liebe in uns kann sich mit der Liebe in anderen vereinen, aber zwei Körper können nicht eins werden.

Alle Gefühle, die sich unter Ausschluß anderer auf den Körper richten, sind negativ oder verleugnen sich selbst. Als ersten Schritt müssen wir uns aufrichtig und *gütig* fragen, wie sehr wir darauf bedacht waren, wie unser Körper aussieht, wie wir ihn geschmückt, geehrt und benützt haben, und ob wir ein gehöriges Maß an Anerkennung, Dank, Einfluß, Geld oder

Ansehen gewonnen haben durch das, was unser Körper geleistet hat. Denn in dem Maße, wie wir die Identifikation mit dem Körper hoch einschätzen, neigen wir dazu, unser wahres Wesen – Liebe – herabzusetzen oder ganz zu ignorieren.
Dieses sanfte Befragen unseres niedrigen Bildes von uns selbst erfordert keine großen Veränderungen des Verhaltens oder unseres Lebensstils. Es braucht nichts weiter, als daß wir uns ehrlich umsehen und schlicht und ruhig feststellen, vor allem innerlich. Sobald wir den wahren Wert erkannt haben, werden die äußeren Veränderungen, sofern sie nötig sind, sich von selbst und zur rechen Zeit einstellen. Wenn wir uns zu sehr mit dem beschäftigen, was wir tun, statt wie wir es tun, halten wir uns unnötig auf. Inneres Heilen kümmert sich nur um das Jetzt. Handeln wir *mit* Liebe, *mit* Frieden, *mit* Glück und *mit* Sicherheit? Denn wenn es so ist, dann ist alles richtig, was wir tun.
Eine zu starke Beschäftigung mit dem Körper und dem körperlichen Verhalten anderer führt uns zu dem Glauben, daß unser Körper bestimmt, was für eine Person wir sind und mit was für einer Art von Beziehungen wir uns begnügen müssen. Wir empfinden momentan Genugtuung, daß andere weniger attraktiv scheinen als wir, und manche mögen sich wegen unserer Persönlichkeit und besonderen Fähigkeiten zu uns hingezogen fühlen, aber im Herzen wissen wir stets, daß Beziehungen auf der Grundlage solcher Gefühle seicht und flüchtig sind. In Wirklichkeit wollen wir nicht, daß andere Menschen von unserem Körper angezogen sind, aber das ändert sich nicht, weil alles um uns herum so ist. Wir wollen, daß andere uns verstehen und uns lieben, weil sie Verständnis für uns haben. Das können sie aber nicht, solange sie sich auf uns nur als Körper beziehen. Wir möchten – und wir wünschen, daß auch andere es sind – uns des goldenen Strahlens von innen her, nicht der glitzernden Oberfläche der Erschei-

nungen bewußt sein. Das gelingt uns je nachdem, womit wir uns identifizieren. Wie wir uns geistig und gefühlsmäßig äußern, so werden wir von den anderen genommen. Entweder wir strahlen Freude, Güte, Offenheit und Frieden aus, oder wir verschanzen uns hinter einer rein physischen Identität. Beides zugleich können wir nicht tun, denn das eine ist Liebe und das andere ist Angst.

Nichts Wirkliches ist unmöglich

Dieses Konzept erwies sich als lebensverändernd für Colleen Mulvihill, eine Frau von dreiundzwanzig Jahren, die an einem Magisterdiplom in Bewegungstherapie an einem College in Nordkalifornien arbeitete. Colleen war hübsch genug, um als Fotomodell zu arbeiten, und manchmal tat sie es auch. Als ich sie kennenlernte, hatte sie außerdem ganzjährige Teilzeitjobs, einen als sportmedizinische Koordinatorin in der Sportabteilung ihres College und einen anderen als Lehrkraft im Bewegungslabor, in dem Kindern mit neurologischen Schädigungen und Lernbehinderungen geholfen wird, motorische Fähigkeiten zu entwickeln. Während der Sommermonate hatte sie einen weiteren Job als Lehrerin für Schwimmen und Basteln in einer in der Nähe gelegenen Kindertagesstätte. Colleen wohnte in einem kleinen Appartement 500 Meilen von ihrer Familie entfernt, und ihr bester Freund war ein deutscher Schäferhund namens Sascha, ein Blindenhund.
Als sie das erste Mal zu mir kam, war Colleen nach den gesetzlichen Bestimmungen blind. (Die Bezeichnung »blind« gilt für diejenigen, deren Sehvermögen so eingeschränkt ist, daß sie nicht funktionstüchtig sind, obwohl sie einen kleinen Rest von Nahsicht haben können.) Von Geburt an litt sie an

rentrolentaler Fibroplasie, das heißt an fortschreitender Ablagerung von Narbengewebe hinter der Netzhaut, die zu Blindheit oder mindestens zu schwer beeinträchtigter Sicht führen kann.

Als sie geboren wurde, war es noch üblich, Frühgeburten in Brutkästen mit hohem Sauerstoffdruck zu legen. Später erfuhr sie, daß dieses Verfahren die Ursache ihrer Blindheit war. Vielleicht können Sie sich vorstellen, welche Wut und welches Ressentiment ein Mensch mit einem solchen Leiden gegen die Welt empfindet. Colleen hegte auch derartige Gefühle, und außerdem hatte sie starke Schmerzen, wie es bei dieser Krankheit oft vorkommt.

Sie kam in der Gegend von Los Angeles zur Welt und wurde dort von Eltern aufgezogen, die Wert darauf legten, daß sie die normale öffentliche Schule besuchte statt eine Behindertenschule. Ihr Grund dafür war, daß sie dadurch besser auf die wirkliche Welt vorbereitet würde. Colleen tat diese Entscheidung offenbar gut, obwohl man natürlich nicht von einem richtigen oder falschen Vorgehen sprechen kann, das bei behinderten Kindern in allen Fällen angewendet werden kann. Mit der verständnisvollen Hilfe von Lehrern, die sie immer in die erste Reihe setzten und ihr zusätzliche audiovisuelle Hilfen gaben, absolvierte sie sowohl die Volksschule als auch die Oberschule und entschied sich dann für ein kleines College außerhalb ihres Heimatortes.

Dieses intelligente und äußerst lebhafte Mädchen wurde immer schwerer mit ihrer Situation fertig, je mehr es mit ihrer beschränkten Sehkraft bergab ging. Im Jahre 1975 trat Sascha, ein zweijähriger Blindenhund, in Colleens Leben. Sie und Sascha trainierten zusammen in Nord-Hollywood und sind seitdem unzertrennliche Gefährten. Sascha begleitete sie ins College und sogar zum State

Capitol in Sacramento, wo Colleen sich für die Lobby der Nationalen Blindenföderation aktiv einsetzte.
Vor einigen Jahren hörte Colleen viele Leute davon reden, wie die konventionelle Medizin ergänzt werden kann und erfuhr von Beweisen, daß der Geist den Körper beeinflußt. Kurz danach suchte sie mich auf, und ich machte sie mit dem »Kurs in Wundern« bekannt.
Später verwies ich sie an die erwachsene Heilgruppe in unserem Zentrum. Ich sagte ihr nachdrücklich, daß der Geist keine Grenzen kennt und daß nichts unmöglich ist. Sie sollte nur alle negativen Werte loslassen, die sie je hatte, um sich nicht durch ihre vergangenen Überzeugungen einzuschränken und sich auf eine Wirklichkeit festzulegen, die sie lediglich mit ihren physischen Sinnen wahrnahm.
Wir unterhielten uns über ein sehr wichtiges Konzept aus dem »Kurs«:

Wunder beinhalten keinerlei Schwierigkeit.

Wunder können als Wahrnehmungsveränderungen definiert werden, welche die Blockierungen unseres Bewußtseins von der Gegenwärtigkeit der Liebe beseitigen. Daher können sie als ein natürliches Geschehen betrachtet werden. Obwohl Wunder keine physischen Phänomene sind, werden sie manchmal von Veränderungen auf der physischen Ebene begleitet. Ich teilte Colleen meine Überzeugung mit, daß jeder lernen kann, seine Wahrnehmung zu verändern und die Gegenwart der Liebe zu erkennen, und daß dies das wahre Sehen ist.
Eines Tages stellte Colleen eine Frage, die ihr sehr am Herzen lag: »Ist es möglich, daß ich mein Sehvermögen wiedererlange?« Ich antwortete ihr: »Alles ist möglich. Niemand *zwingt* dich, eine negative Statistik in einer Wahrscheinlichkeitskurve von Leuten mit rentrolentaler Fibroplasie zu sein.«

Sie begriff allmählich, daß die Gedanken, die wir hegen, unsere Wahrnehmungen bestimmen. Sie begann, »positive Vorstellungsbilder« zu üben und die Grundsätze des »Kurses« anzuwenden. Sie hatte nur das eine Ziel, inneren Frieden, den Frieden mit Gott, zu praktizieren, und keine andere Funktion, als Vergebung zu üben. Sie hörte auf die innere Stimme und ließ sich von ihr leiten und erlebte auf diesem Wege Vollendung und Einheit. Sie verzieh Gott und dem Universum allmählich ihre Blindheit. Ihre Bitterkeit schwand, und an deren Stelle trat immer mehr ein Gefühl des Friedens. Als dies geschah, nahmen die Schmerzen in ihrem Kopf und Nacken ab.

Mit der Zeit fand eine subtile, aber ganz reale Veränderung des Bildes statt, das Colleen von sich selbst hatte. Sie sagte mir später: »Es war, als ob meine Einstellung zu mir selbst sich zu verändern begann. Während ich mich früher immer als eine Blinde behandelt hatte, fing ich jetzt an, mich als normal anzusehen.« Trotz alledem war Colleen gänzlich unvorbereitet für die partielle Genesung, die im März 1978 geschah. Ihre Sicht bei Tag besserte sich so sehr, daß sie beim Gehen genug sehen konnte, und ihr Augenarzt teilte ihr mit, daß sie im Sinne des Gesetzes jetzt untertags sehend war, obwohl sie legal nachtblind blieb. Als ich mit ihm telefonierte, stellte er fest, daß er eine derartige Besserung des Sehvermögens bei einer Person in Colleens Zustand noch nie erlebt hätte.

Ihr zunehmendes Sehvermögen brachte ein neues Problem bezüglich Sascha mit sich. »Es ist ein Trauma für einen Blindenhund«, erklärte mir Colleen, »wenn er merkt, daß er nicht mehr gebraucht wird.« Aber auch dieses Problem fand mit der Zeit eine Lösung, als sie und Sascha zusammen arbeiteten und ein neues Verständnis für ihre gegenseitigen Bedürfnisse gewannen.

Colleen studierte weiter und bereitete sich auf ihren Dienst an anderen kranken Menschen vor. Sie interessiert sich vor allem für die ganzheitliche Auffassung von Gesundheit, die dem ganzen Menschen zu helfen sucht, statt nur kranke Organe zu behandeln. Sie hat vielen Menschen in unserem Zentrum und in anderen Städten geholfen und war in unserem Telefonnetz aktiv, wobei sie blinde Menschen in den ganzen Vereinigten Staaten telefonisch betreute.

Vor kurzem rief Colleen mich an. »Jerry«, sagte sie, »ich möchte dich in meinem Auto ausführen.« »Wie meinst du das?«, fragte ich sie. »Ich habe jetzt einen Führerschein für zwei verschiedene Staaten und gelte als legal sehend für Tag und Nacht.« Meine Spazierfahrt mit Colleen Mulvihill war die glücklichste Autofahrt, die ich je erlebt habe, obwohl mir die Tränen herunterliefen.

Oft vergesse ich einige der Grundsätze, die ich in diesem Buch erwähnt habe, und dann werde ich deprimiert. Wenn ich Colleen sehe und ihre bedingungslose Liebe erlebe, bin ich mir bewußt, daß auch sie das Licht in mir sieht, und das hilft mir, die dunklen Gefühle loszulassen, indem sie mich an mein wahres Wesen erinnert. Colleen verleiht dem Ausspruch Jesu Leben, der in einer modernen Übertragung folgendermaßen lautet: »Ich bin in die Welt gekommen, um die sehend zu machen, die geistig blind sind, und denen, die sich für sehend halten, zu zeigen, daß sie blind sind.«

Das Urteil ist blind. Nur die Liebe vermag zu sehen.

Liebe ist ewig

Es ist klar, daß wir nicht im Frieden sein werden, solange wir uns für verletzbar halten durch Krankheit und Unfälle, Altern, Verfall und Sterben. Wenn wir unsere Wahrnehmung von uns selbst nicht ändern, wird in Erwartung der näherrückenden Auslöschung hinter allem, was wir denken und tun, die Angst stehen. Irgendwie müssen wir anfangen zu begreifen, daß wir jetzt und in Ewigkeit als Liebe leben. Ich glaube, daß wir auf dieser Welt sind, um zu lehren und zu lernen, zu lernen und zu lehren. Die Größe unserer Aufgabe ist unterschiedlich, aber was jeder von uns gibt und empfängt, ist dasselbe: Liebe.

Meine Arbeit mit Kindern, denen der Tod bevorstand, und deren Familien half mir, meine eigene Angst vor dem Tod zu überwinden und den Glauben an die Endgültigkeit des Todes in Frage zu stellen. Sie wundern sich vielleicht, wie die Mitarbeiter unseres Zentrums einen innigen Umgang mit diesen jungen Menschen haben und manche von ihnen sterben sehen können und wie wir dabei trotzdem nicht kaputtgehen. Ich spreche für mich selbst, wenn ich sage, daß ich nicht weitermachen könnte, wenn ich noch an dem Glauben festhielte, daß das Leben mit dem Tod aufhört. Wenn ich das wirklich glaubte, wäre ich von dem Tod dieser Kinder so zerrissen, daß ich nicht weiterarbeiten könnte.

In unserem Zentrum betrachten die meisten den Tod als einen Übergang. Wir empfinden es als einen Segen, daß wir diesen Kindern und ihren Familien begegnen durften. Sie lehren uns, daß es einen Unterschied gibt zwischen Leben und Körper, daß der Körper zeitlich begrenzt, das Leben jedoch als etwas Geistiges unendlich ist. Sie vermittelten uns die Botschaft des Lebens, des ewigen Lebens, und daß Leben gleichbedeutend ist mit Lieben.

Das erste Kind unseres Zentrums, das starb, war Greg Harrison. Er war elf Jahre alt. Als es keine neuen Medikamente mehr gab, die man ihm hätte verabreichen können, und als es aussah, als hätte er nicht mehr viel Zeit übrig, wurde Greg von den anderen Kindern seiner Gruppe gefragt: »Was glaubst du, wie das Sterben sein wird?« Ich weiß, daß ich seine Antwort nie vergessen werde. Er sagte: »Ich glaube, wenn man stirbt, wirft man einfach seinen Körper weg, der ohnehin nie wirklich war. Dann bist du im Himmel und vereint mit allen Seelen. Und manchmal kehrst du auf die Erde zurück und bist für irgend jemanden ein Schutzengel. Das möchte ich gerne sein.« Greg's Einstellung zum Tod zeigt, daß jede Begebenheit auf der Welt mit Liebe angesehen werden *kann*. Für uns selbst und andere ist es natürlich eine große Erleichterung, wenn wir das tun.

Ein anderes Mitglied unserer Familie im Zentrum, Will Stein, ein vierzehnjähriger Junge mit Ewing's Sarkom, nahm zwei Wochen, bevor er starb, ein Gespräch mit mir auf Tonband auf. Er glaubte daran, daß wir uns alle bestimmte Aufgaben vornehmen, bevor wir in diese Welt hineingeboren werden. Manche sind für eine lange Zeit, andere kürzer, aber die Länge der Zeit spielt keine Rolle. Will hielt seine Aufgabe für eine kurze, aber solange er noch atmete, hatte er sie noch zu erfüllen.

Solange unser Körper am Leben ist, haben wir die Aufgabe, ihn als ein Mittel einzusetzen, Liebe zu geben in einer Form, die andere erkennen und empfangen können. Weil ihr Geist im Grunde noch sanft ist, demonstrieren viele Kinder, wie Liebe ausgestrahlt werden kann, obwohl sie physisch nicht in der Lage sind, eine gute Tat zu vollbringen. Was wir mit unserem Herzen tun, berührt andere am tiefsten. Nicht die Bewegungen unseres Körpers oder die Worte in unserem Inneren vermitteln Liebe, sondern wir lieben von Herz zu Herz.

Es gibt natürlich keine Regel dafür, wie man an einen geliebten Menschen denken soll. Den *Schein* von Frieden und Freude sollte man nie forcieren. Während der Krankheit eines Kindes gelangen manche Eltern zu der Erkenntnis, daß ihr Kind mehr ist als ein Körper, und dann wissen sie, daß ihre Beziehung zu ihm nicht mit dem Tode enden wird. Ich bin

überzeugt, daß dies keine Täuschung, sondern eine Erkenntnis der Wirklichkeit ist. Wenn der Tod eintritt, sind die Gefühle dieser Eltern, nachdem ihr Kind sie verlassen hat, nicht nur erträglich, sondern voll Frieden, denn sie empfinden weiterhin, daß sie mit ihrem Kind durch Liebe vereint sind.
Die Haltung von Bryan Bradshaws Familie nach seinem Tod macht diese Betonung der spirituellen statt der körperlichen Wirklichkeit anschaulich. Bryan war ein achtjähriger Junge mit Knochenkrebs, dem man ein Bein amputiert hatte. Seine Tapferkeit war bemerkenswert, und er und seine Familie waren für uns alle großartige Lehrer.
Ungefähr eine Woche, bevor Bryan starb, besuchte ich die Familie in San Jose und widmete mich ein wenig seiner sechsjährigen Schwester Lorrie Ann. Ich bat sie, ein Bild zu malen von dem, was sie gerade beschäftigte. Es zeigte Bryan mit Flügeln an der Seite, wie er in den Himmel flog. Sie sagte: »Wenn du im Himmel bist, gibt es keine Krankheit und keinen Schmerz. Du bist nur glücklich und voll Liebe, weil du die ganze Zeit mit Gott redest.«
Einer unserer Mitarbeiter und ich fuhren nach San Jose, um an dem Tag, als Bryan starb, bei seiner Familie zu sein. Wir waren beeindruckt von dem Frieden, den sie empfanden. Wir sahen, daß vielen Freunden, die gekommen waren und die in Tränen ausbrachen, durch ihren beruhigenden Einfluß geholfen wurde. Einige Kinder hatten Schuldgefühle, weil sie Bryan nicht so oft besucht hatten, wie sie es nach ihrer Meinung hätten tun sollen. Sie gingen mit Bryans Eltern und uns in den Familienraum, damit sie sich aussprechen konnten. Nach einer Weile ließen ihre Schuldgefühle nach, und sie fingen an, lustige Geschichten zu erzählen, die sie mit Bryan erlebt hatten. Wenn wir uns nicht mehr an Schuld klammern, bleibt nur Liebe zurück.
Da Bryans Familie keine religiöse Präferenz hatte, wurden

Tom Pinkson vom Zentrum und ich gebeten, eine Gedenkfeier zu halten, aus der die Familie glücklicher herausgehen konnte, als sie gekommen war. Ich begann meine Rede, indem ich von Lorrie Anns Bild und ihrem Kommentar dazu erzählte. Tom sprach darüber, in wievieler Hinsicht Bryan und seine Familie anderen geholfen hatten. Und wir beide sprachen über die Gefühle, die wir in Bryans Gegenwart erlebt hatten, und über die Schönheit und Liebe, die wir an diesem Tag empfanden. Dann sang die ganze Gruppe zusammen einige von Bryans Lieblingsliedern. Rabbi Nathan Segal, der sich bei einem Picknick des Zentrums mit Bryan angefreundet hatte, führte uns an.

Nach der Feier erhielt jeder einen Luftballon. Bryan hatte Luftballone geliebt. In einem einzigen Augenblick ließen wir hundert Ballone steigen mit unseren individuellen Botschaften der Liebe an Bryan und das Universum. Es sah aus, als vereinten die Luftballone sich zu einem Regenbogen und entschwebten in den Himmel. Etliche Eltern kamen zu mir und sagten, wie sehr sie sich davor gefürchtet hatten, ihre Kinder zu der Gedenkfeier mitzubringen, und wie überrascht und erleichtert sie waren, daß sie bei einem solchen Anlaß weniger Trauer als Glück erleben durften.

Wir brauchen nichts zu fürchten

Dies sind natürlich nicht die einzigen Kinder aus unserem Zentrum, die gestorben sind. Ich habe diese wenigen erwähnt, weil jedes von ihnen mir persönlich eine Lehre erteilt hat, die sich stark auf die Worte »Wir brauchen den Tod nicht zu fürchten« bezieht. Eine angstvolle Wahrnehmung bringt niemandem einen Nutzen. Meine Arbeit am Zentrum hat mir gezeigt, welche echte Hilfe es für uns ist, alle Dinge in Frieden anzusehen. Nur eine sanfte Sehweise läßt uns erkennen, was wir sind, und alles, was wir sind: reine Liebe.

Vor nicht langer Zeit hatten wir im Zentrum ein ganztägiges Treffen von etwa fünfundzwanzig Familien, die alle ein Kind verloren hatten. Viele dieser Kinder hatten unsere Gruppen nicht besucht, aber die Kommentare und Geschichten, die ihre Eltern erzählten, erinnerten mich an den inneren Kern, der alle Menschen auf Erden miteinander verbindet. Wir sind alle Mitglieder einer einzigen Familie, und jeder Mensch ist unser Bruder, auch wenn wir das oft vergessen.

Eine Reihe von Eltern sagte bei diesem Treffen, daß ihr Kind auch dann noch, als es im Sterben lag, ihr Lehrmeister gewesen war, und daß die traditionellen Rollen von Eltern und Kind sich in mancher Hinsicht verkehrt hatten. Sämtliche Eltern äußerten, daß der liebevolle Geist ihres Kindes weiterhin eine starke und tröstliche Präsenz in ihrem Herzen war. Sie empfanden in mancher Weise, daß ihre wahre Beziehung fortbestand, und dies war für alle eine sehr heilsame Erfahrung.

Viele Dinge verstehen wir einfach deshalb nicht, weil wir noch nicht in der Lage dazu sind. Daher ist Geduld mit den Erfahrungen und dem Standpunkt anderer Menschen nicht nur ein Trost für sie, sondern auch eine Erleichterung für uns. Liebe blickt über Unterschiede hinweg, denn sie bemerkt etwas viel Wichtigeres: wie ähnlich wir uns alle sind, weil wir alle der Liebe selbst gleichen. Wenn wir das einmal erkannt haben, verlieren wir schnell unsere Furcht vor den anderen und gewinnen Vertrauen, daß sowohl wir als auch die anderen potentiell harmlos sind. Je mehr wir die anderen in diese Harmlosigkeit einhüllen, indem wir alles Defensive und Argwöhnische in unserem Denken loslassen, ahnen wir immer mehr die ungeheure Harmlosigkeit des Universums, die es gänzlich unmöglich macht, daß irgendein Lebewesen im wahren Sinne des Wortes lange leidet. Es gibt ein Ende der Schmerzen. Es gibt einen Punkt, den die Not nicht überschreiten kann. Wir sind nie ohne Tröstung.

7 Geben ist Empfangen

Der dritte Grundsatz innerer Heilung legt das fundamentale und universelle Gesetz des Besitzens dar. Es gibt wenige Konzepte, denen ein tieferes Mißtrauen entgegengebracht wird als der Idee, daß man etwas Wertvolles nur dann behalten könne, wenn man es verschenkt, und umgekehrt, daß wir sofort verlieren, was wir anderen wegzunehmen suchen. Der dritte Grundsatz besagt:

Geben ist Empfangen. Wenn wir unsere Aufmerksamkeit darauf richten, zu geben und uns mit anderen zu vereinen, fällt die Angst weg, und wir empfangen Heilung.

Offensichtlich bringen wir dieser Vorstellung noch immer nicht viel Vertrauen entgegen, obwohl wir häufig ein Lippenbekenntnis dazu ablegen. So bekommen zum Beispiel viele Jungen und Mädchen, wenn sie anfangen auszugehen, einen entsprechenden Rat mit, und manche Erwachsene werden durch Ratschläge in Zeitschriften und Büchern, wie man in Liebe und Sex gewinnen kann, auf indirektere Weise manipuliert.

In den fünfziger Jahren war es nichts Ungewöhnliches, daß eine Mutter ihrer Tochter, die zum ersten Mal eine Verabredung mit einem Freund hatte, den Rat gab, ihm aus der Verlegenheit zu helfen. Als Technik wurde ihr angeraten, Interesse für ihn zu zeigen und nicht zu versuchen, seine Aufmerksamkeit dadurch zu fesseln, daß sie über sich selbst sprach. Bücher und Zeitschriftenartikel aus dieser Zeit legten ihr nahe, dieses Interesse zu bekunden, indem sie Fragen über ein Thema stellte, über das er gerne redete. Es wurde ihr nicht geraten, mit dem Herzen zuzuhören, sondern vielmehr so zu *tun,* als würde sie zuhören. Aber auch wenn sie »Geben ist Empfangen« in dieser etwas unaufrichtigen Form praktizierte, würde sie vermutlich trotzdem entdecken, wie leicht sie sich selbst glücklich machen konnte, wenn sie Rücksicht auf ihren Freund nahm. Sie machte die Erfahrung, daß sie, als sie ihrem Freund die Befangenheit nahm, selbst auch loslassen konnte.

Wir haben zwar gelegentlich die Befreiung aus der Angst erfahren, die aus dem Trost kommt, den wir anderen spenden, aber wir sind nach wie vor davon überzeugt, daß auch Nehmen und Behalten ihren Lohn haben. Und so versuchen wir, geduldig und freundlich zu sein, und entziehen unsere Liebe, wenn unsere Bemühungen nicht angemessen anerkannt werden. Wahres Geben verlangt kein Opfer, aber wenn die Art wie wir geben, einen Konflikt enthält, müssen wir ihn ehrlich anschauen, wenn wir je ein Glück ohne Widersprüche erfahren wollen.

Wir alle haben Augenblicke erlebt, in denen wir in unseren eigenen Problemen steckten, sei es in physischen, emotionalen oder finanziellen, als wir plötzlich gerufen wurden, um jemandem in Not beizustehen. Erst nachdem die Krise vorüber war, bemerkten wir, daß unsere eigenen Probleme während der Zeit, als wir darauf konzentriert waren zu helfen, aus unserem Bewußtsein verschwanden. Dabei ist wichtig festzustellen, daß sie zwar aus unserem Bewußtsein, aber vielleicht nicht aus unserem Leben verschwanden. Wahres Heilen ist keine Manipulation der äußeren Situation, sondern eine Wandlung des Herzens. Es ist keine Veränderung der Umstände, obwohl diese als Begleiterscheinung auftreten kann.

Wenn es uns darum zu tun ist zu geben, dann empfangen wir auch, weil unsere persönlichen Ängste aus unserem Denken verschwinden. Wenn wir erkennen, daß das, was dem Interesse eines anderen am besten dient, auch uns vollkommenen Gewinn bringt, dann erlangen wir innere Ruhe, wenn auch nur für kurze Zeit, weil wir in dem Augenblick unsere eigene Hölle hinter uns gelassen haben. Die Psyche kann sich nicht auf Elend konzentrieren, wenn sie von dem Verlangen durchdrungen ist, zu heilen und glücklich zu machen, auch dann, wenn das Erscheinungsbild und die Formen des Elends bestehen bleiben.

Unsere Erfahrung im Blickpunkt

An einem Dienstagabend traf ich eine neue Erwachsenengruppe im Zentrum. Ich erläuterte einige Grundsätze inneren Heilens im Zusammenhang mit der Linderung von Schmerzen. Links von mir saß eine etwa vierzigjährige krebskranke Frau, die sagte, sie habe Metastasen und sei schon ungefähr vier Monate nicht mehr ohne Schmerzen gewesen, obwohl sie große Dosen verschiedener Schmerzmittel einnahm.

»Wären Sie bereit, sich inneren Frieden zu verschaffen, wenn auch nur für eine Sekunde?«, fragte ich sie. »Ja«, antwortete sie. »Seit Jahren habe ich keinen inneren Frieden mehr. Wie kann ich dazu kommen?« »Sie müssen bereit sein, jede Person in diesem Raum anzusehen und sie mit der ganzen Liebe, die Sie in sich haben, zu lieben, ohne etwas dafür zu erwarten«, sagte ich.

Sie antwortete, daß sie dazu bereit sei, aber sie schien gewisse Zweifel zu haben. Ich bat alle anderen im Zimmer, ebenfalls ihre ganze Aufmerksamkeit darauf zu konzentrieren, Sarah einen Augenblick lang zu lieben. Alle waren einverstanden, und ich fügte hinzu, daß niemand von uns Sarah nach dem

Resultat fragen würde. Das sagte ich deshalb, weil wir, wenn wir davon reden, unser Bewußtsein der Liebe blockieren, weil das Vertrauen fehlt. Liebe *ist* ein Zustand des vollkommenen, auf Wahrheit beruhenden Vertrauens.

Als der Augenblick der gegenseitigen Zuwendung von Liebe vorüber war, ging die Sitzung weiter wie gewöhnlich. Zwei Stunden danach, als wir uns voneinander verabschiedeten, stand Sarah plötzlich auf und sagte: »Ich kann mich nicht mehr zurückhalten. Ich muß allen sagen, daß meine Schmerzen weg sind.« Dann ging sie mit Tränen in den Augen im Zimmer herum und umarmte jedes Mitglied der Gruppe.

Ich glaube, Sarah erlebte durch Liebe eine Vereinigung mit etwas, das vorher außerhalb ihrer selbst zu sein schien. Einen Augenblick lang *erlebte* sie die Tatsache, daß sie nicht allein war. Als sie ganz damit beschäftigt war, Liebe auszustrahlen, die ihr Wesen ist, achtete sie nicht mehr auf ihr Ego und seine Angst vor Schmerzen. Sie machte sich frei von Schmerzen, indem sie sich von dem Bild der Schwäche, Verletzlichkeit, Isolation und Hoffnungslosigkeit befreite, das sie von sich selbst hatte.

Was Sarah empfand, läßt sich universell anwenden. Die besondere Form des physischen oder psychischen Leidens spielt keine Rolle. In der Liebe gibt es keine Schmerzen. Aber uns geht es um Liebe, nicht allein um die Linderung von Schmerzen.

Der Begriff »Ego«, wie ich ihn in diesem Buch verwende, steht für das irrtümliche Selbstverständnis, das wir alle in unseren Gedanken haben. Es ist ein Bild oder eine Vorstellung von uns selbst, deren Mutmaßungen überhaupt nicht stimmen. Wir sind *nicht* Wesen, die getrennt voneinander und leicht zu verletzen sind, noch läßt die Reichweite unsere Gedanken sich auf die Grenzen unseres Körpers beschränken. Aber wenn wir unsere ganze Aufmerksamkeit auf ein schwaches und trostloses Bild von uns selbst konzentrieren, wie wir es meistens tun, dann blockieren wir die Erkenntnis dessen, was wir wirklich sind. Daher machen wir all die Gefühle durch, die ein winziger Körper auf seiner Reise durch eine gefährliche und liebeleere Welt erfährt.

Ein Augenblick der Liebe, wie Sarah ihn erlebte, zeigt uns, wie verkehrt und kleinlich das Bild sein kann, das wir uns von uns selbst machen, denn er bringt uns die Tatsache zum Bewußtsein, daß wir völlig integriert und vereint sind mit allem Leben, und daß keine Form des Trostes, der Hilfe oder Heilung außerhalb unserer Reichweite liegt. Das kann man nicht intellektuell erfahren. Es bedarf der Liebe, um diese Veränderung zu empfinden. Und es *ist* praktisch, die Liebe zu suchen statt eine weltliche Lösung unserer Probleme. Denn Liebe schließt Handeln nicht aus; sie gibt unseren Handlungen inneren Frieden.

Wenn Sie den Versuch machen, sich fünf Minuten auf diese Art von Liebe zu konzentrieren, sind Sie vielleicht anfangs nicht in der Lage dazu. Ihr Geist schweift ab, stellt Vergleiche an und urteilt wie gehabt. Da aber das Praktizieren von Liebe identisch ist mit dem Praktizieren von Frieden, wäre es destruktiv, die Kontrolle des Geistes zu einem weiteren Schlachtfeld zu machen. Eine mühelose und angenehme Freiheit von Konflikten ist der fruchtbare Boden, auf dem die Liebe gedeiht. Es wäre viel besser, uns mit Tröstungen zufriedenzugeben, als unserer Psyche im Namen der Liebe weitere Spannungen hinzuzufügen. Eine gute Regel für das geistige Verhalten ist die folgende: Denken Sie an das, was Sie wirklich glücklich macht.

Wenn Sie das einmal ein oder zwei Sekunden lang geschafft haben, dann bringen Sie vielleicht den Mut auf, Ihre Konzentration auf mehrere Sekunden und später auf eine Minute oder noch länger auszudehnen. Wenn Sie mit Ihrer geistigen Umerziehung fortfahren, werden Sie schließlich entdecken, daß die Erfahrung von Frieden und Liebe sich gelegentlich auf einen ganzen Tag ausdehnen läßt.

Die Hilfe, die wir geben, kommt uns selbst zugute

In wenigen Augenblicken demonstrierte mein Vater mir einmal, daß wir auch dann, wenn wir von unserer Gesundheit und unserer Kraft abgeben, von beiden nicht weniger, sondern mehr haben. Ich aß mit meinen Eltern, die in einem Altenheim wohnten, gerade zu Mittag, als folgendes passierte:

Mein Vater hatte seit Jahren die Parkinson'sche Krankheit. Zu seinen Symptomen gehörten Zittern, Gehschwierigkeiten und ein maskenhafter Gesichtsausdruck. An diesem Tag schien er außerdem deprimiert zu sein. Mit uns am Tisch saß ein Mann gleichen Alters, der durch dieselbe Krankheit noch schwerer behindert war als er. Er konnte ohne Hilfe nicht gehen, und als seine Frau ihm nicht gleich zu Hilfe kam, wurde er ungeduldig und bat meinen Vater, ihn zu seinem Zimmer zu geleiten.

Mein Vater nahm den Mann am Arm, und stark zitternd begannen beide zu gehen. Plötzlich richtete mein Vater sich auf, und sein Zittern wurde schwächer, bis es fast nicht mehr sichtbar war. Er begann zu lächeln. Nach etwa zehn Minuten kehrte er zurück, wieder in seiner gebeugten Haltung.

»Was für eine bemerkenswerte Demonstration«, dachte ich. Wenn mein Vater ganz darauf konzentriert war, einem anderen zu helfen, war er frei von den Symptomen der eigenen Hilflosigkeit. Wenn er einem anderen Stärke und Sicherheit gab, hatte er offensichtlich selbst mehr von beidem, und außerdem war er glücklich. Sobald er sich aber nicht mehr als nützlich empfand, gewann die Vorstellung seiner Schwäche

wieder die Oberhand. Vermutlich geschah dies alles, ohne daß ihm diese Zusammenhänge bewußt wurden.
Ein weiterer Zeuge dieser Beziehung zwischen Ursache und Wirkung war Paul Johansen. Am 9. Dezember 1979 trat er mit Tony Bottarini, einem anderen Kind aus dem Zentrum, im Fernsehen auf. Zusammen vermittelten sie über fünfzig Millionen Zuschauern die Botschaft »Lehre nichts als Liebe«. Pauls Mitwirkung in diesem Programm war, was die meisten Zuschauer nicht wußten, die Erfüllung einer Vereinbarung, die er mit Gott getroffen hatte.
Mit dreizehn Jahren erkrankte Paul und stellte selbst die Diagnose, daß er einen Gehirntumor hatte. Die späteren Untersuchungen erwiesen, daß er recht hatte. Im Verlauf des Jahres wurde er, nachdem er sein Testament gemacht hatte, in das Columbia Presbyterian Hospital in New York City eingewiesen. Er war schwerkrank, hatte seit einer Woche nichts mehr gegessen und hing am Tropf. Seine Familie und sein Arzt machten sich darauf gefaßt, daß er nicht länger als ein oder zwei Tage leben würde. Dann geschah ein Wunder. Paul schilderte mir später das Ereignis:

Es war mitten in der Nacht, und ich wußte nicht, ob ich träumte oder eine Vision hatte oder ob ich wach war. Ich weiß nur, daß ich mit Gott redete. Ich bat Gott um ein Signal, daß ich ein bißchen mehr Zeit bekommen könnte, um meinen Freunden zu helfen. Ich sagte ihm, daß ich genug hatte von den Schmerzen und dem Leiden. Ich hatte es satt, gegen meinen Krebs anzukämpfen. Ich hatte es satt, gegen Ihn anzukämpfen. Ich sagte Gott, daß ich bereit bin, Seinen Willen zu meinem Willen zu machen, und wenn ich jetzt sterben sollte, dann war es in Ordnung, aber ich glaubte, daß ich mehr zu geben hätte, und ich meinte, Er sollte mir noch etwas extra Zeit geben. Gott antwortete, daß Er es sich kurz überlegen wollte. Dann war Er einverstanden, mir noch ein bißchen Zeit zu geben.

Am nächsten Morgen verlangte Paul zum Erstaunen aller feste Nahrung. In den darauffolgenden Tagen begann er zuzunehmen und wurde kräftiger. Bald konnte er sich in einen Rollstuhl setzen und wurde aus dem Krankenhaus entlassen. Später begann er, mit einem Stock zu gehen, und kehrte sogar in die Schule zurück.

Um diese Zeit erfuhr seine Mutter Barbara von unserem Programm und setzte sich mit dem Zentrum in Verbindung. Einige Mitarbeiter und ich hatten einen Termin für einen Vortrag in New York, und so vereinbarten wir mit ihr, sie zum Mittagessen in Manhattan zu treffen. Wir unterhielten uns. Sie war begeistert von unserem Programm und drückte den Wunsch aus, in engeren Kontakt mit uns zu treten. Ich sagte ihr, daß ich in einigen Wochen zurückkehren und am College für Ärzte und Chirurgen der Columbia University einen Vortrag über die Begriffe Leben und Tod halten würde, und fragte, ob Paul Lust hätte mitzumachen. Ich würde ihn in meinem Vortrag interviewen. Wir entschieden, daß Barbara ihn fragen und daß ich sie im Lauf der Woche anrufen würde.

Paul war einverstanden, und wir trafen uns eine Stunde vor dem Vortrag. Aber es war so, als hätten wir einander unser ganzes Leben lang gekannt. Dr. Frank Field, Meteorologe und Korrespondent von NBC, drehte zufällig an diesem Tag einen Film im Hospital. Er hatte gehört, daß wir ein Interview machen wollten, und fragte uns, ob er es filmen dürfe. Wir stimmten zu, und Paul war an diesem Tag ein großartiger Lehrmeister, als er seine Geschichte erzählte und über seinen Glauben sprach, daß unser Zweck auf Erden darin besteht, uns gegenseitig zu dienen und zu helfen. Er gab nicht nur einem zahlreichen Publikum von Medizinern Hilfe, sondern an diesem Abend wurden Tausende von Fernsehzuschauern von seiner Tapferkeit inspiriert.

Einige Monate später kamen Paul und seine Mutter nach

Tiburon. Er sah seiner ersten Sitzung im Zentrum mit Spannung entgegen, weil er so viel über die Kinder gehört hatte. Später erzählte er seinen Eltern, daß die Kinder, die er im Zentrum kennengelernt hatte, viel mehr Frieden ausstrahlten als andere Kinder, die er kannte.

Paul und seine Mutter verbrachten die Nacht bei mir, und am nächsten Morgen besuchten sie die regelmäßige Andacht um neun Uhr. Wir alle spürten auf ganz besondere Weise die Anwesenheit Gottes. Es war zur Gewohnheit geworden, uns beim Beten einfach an den Händen zu halten und zu schweigen. Paul bemerkte: »Ich mag, wie ihr betet und gar nicht dabei redet.« Im Lauf des Tages sagte er, daß die Morgenandacht ihn »ganz aufgeladen« hätte mit Energie und daß er sich seit Wochen nicht mehr so gut gefühlt hätte.

Bei anderer Gelegenheit sprachen Pauls Schwester Kathleen und ich zu vielen Hörern am Carlton College in Minnesota von ihm. Als wir fertig waren, machte ich den Vorschlag, daß wir und das Publikum einige Minuten schweigen und Paul, der gerade in Connecticut war, Gedanken der Liebe senden sollten. Seine Eltern berichteten mir später, daß Paul in dem Augenblick, als wir beteten, einen Strom von Energie spürte. Er stand auf und ging ohne seinen Stock, wozu er schon seit Monaten nicht mehr in der Lage gewesen war.

Dies ist ein weiteres Beispiel für die Heilkraft der Liebe und eine deutliche Demonstration, daß wir auf geistiger Ebene von anderen nicht getrennt sind. Wir vergessen manchmal, wie stark diese stille Form der Hilfe ist. Wir lassen es zu, daß wir in ein Gefühl der Schwäche abgleiten, weil derjenige, der uns braucht, entfernt und unerreichbar scheint. Es ist wichtig, daran zu denken, daß wir dann, wenn wir einem Menschen unseren stillen Segen schicken, kein physisches Leiden verändern, sondern uns daran erinnern wollen, daß die Liebe das Bindeglied zwischen allen Kindern Gottes ist. Die physische

Wirkung bei Paul ist nicht so wichtig wie die Liebe, die ihn und seine Familie umgab, denn dieser Segen wird sich fortsetzen. Das Weitergeben von Liebe von einem zum anderen hat auf einer sehr tiefen Ebene eine unsichtbare Wirkung. Dabei sind die körperlichen Auswirkungen, die Paul erfuhr, nicht in dem Maße wichtig wie die Liebe, die ihn und seine Familie umgab, denn sie wird weiterwirken.

Das Zentrum hielt Kontakt mit Paul durch häufige Telefongespräche mit ihm und seinen Eltern. Wenn ich im Osten war, fuhr ich immer nach Connecticut und besuchte ihn. Bei einem meiner Besuche ging es ihm nicht gut. Er sah blaß und deprimiert aus. Ich erinnerte ihn daran, daß wir im Zentrum daran glauben, daß man dann, wenn man einem anderen hilft und ihn, wenn auch schweigend, liebt, sich glücklicher fühlt und daß die Depression nachläßt, sei man auch noch so krank. Ich erzählte ihm von einem neuen Freund von mir, Tony Bottarini, der zehn Jahre alt war. Er schien in jeder Hinsicht normal zu sein, als er vor wenigen Wochen Schmerzen im Bein bekam. Es stellte sich heraus, daß er Knochenkrebs hatte, und sein Bein mußte amputiert werden. Ich sagte, daß ich ihn im Krankenhaus anrufen würde, und vielleicht hätte Paul Lust, mit ihm zu reden. Ich sagte, ich wüßte, daß er ihm helfen könnte.

Wir riefen an, und wieder sah ich das Phänomen, das ich so oft erlebt hatte. Als er anfing, mit Tony zu reden, wurde dieser Junge, der eben noch halbtot ausgesehen hatte, vollkommen lebendig. Er begann, Tony lustige Geschichten zu erzählen, und wie sie so miteinander redeten, bahnte sich eine enge Freundschaft zwischen ihnen an.

Einige Wochen später rief Al Wasserman, der Produzent eines Fernsehprogramms, an und sagte, daß er gerne etwas über unser Zentrum bringen wollte, und erkundigte sich nach verfilmbaren Ideen. Ich sagte ihm, daß es sicher sehr ein-

drucksvoll wäre, Tony und Paul bei einem Telefongespräch aufzunehmen und damit zu demonstrieren, was junge Menschen ohne jede andere Hilfe füreinander tun können.
Dann kam mir der Gedanke, daß dies ein Teil der Erfüllung von Gottes Zusage war, Paul ein bißchen mehr Zeit zu geben, damit er anderen helfen konnte. Ich glaube aber nicht, daß Paul sich je hätte träumen lassen, daß diese anderen mehr als fünfzig Millionen Menschen bedeuten würden.
Während seiner ganzen Krankheit fuhren Paul und seine Familie fort, mit mir zusammen öffentlich zu sprechen und vielen anderen Menschen telefonisch zu helfen. Am 17. Oktober erhielt ich um fünf Uhr früh einen Anruf von Pauls Familie, in dem mir mitgeteilt wurde, daß Paul friedlich im Schlaf gestorben sei.

Nur die Gabe des Herzens zählt

Die Gabe, die wir anderen reichen, besteht nicht nur aus unseren Worten und Taten, sondern auch aus dem stillen Inhalt unserer Gedanken. Sharon Tennison, eine Krankenschwester, schreibt manchmal ihre Erfahrungen und Erkenntnisse nieder und gibt sie mir zu lesen. Der folgende Bericht, den sie während einer Sechzehn-Stunden-Schicht mit einem Patienten aufschrieb, vermittelt ein Bild von der potentiellen Kraft und Schönheit unserer schweigenden Geschenke.

Ein vierzigjähriger Lehrer, ein Schwarzer, lag still im Bett ... gestern eine Subarachnoidalblutung ... heute ist er ruhiggestellt und wartet, daß die Blutung in seinem Kopf aufhört. Sie kann jederzeit nachlassen oder sich verstärken.
Das Zimmer ist still ... die Vorhänge sind zugezogen, um Sinnesreize zu reduzieren ... Überprüfung von Lebenssignalen

und Gehirn jede Stunde zur Überwachung seines Zustands … gefaßt auf alles. Es herrscht ein gespannter Frieden, wenn so etwas möglich ist.
Ein kleiner baskischer Priester kommt herein und macht seine übliche Runde. Leise, mit echter Anteilnahme erkundigt er sich leise nach dem Zustand meines Patienten. Es rührt mich, wie er an das Bettgeländer tritt und seine Hand – Handfläche nach unten gekehrt – ungefähr fünfundzwanzig Zentimeter über den Kopf des Mannes hält und leise zu beten beginnt. Nach einigen Minuten schlägt er langsam ein großes Kreuz über dem Kopfende meines Patienten und verschwindet still aus dem Zimmer.
Ich bemerke, daß mir Tränen in die Augen treten. Warum sind mir Herz und Seele davon im Innersten so berührt? Dieser kleine Priester, der in den Sechzigern zu sein scheint, mit angegrauten Haaren, nicht größer als 1 Meter 60, geht durch das Krankenhaus, tröstet die Leidenden, gibt den Kranken Mut und betet mit den Sterbenden. Und heute ist er hier, betet bei einem schlafenden Mann und liebt ihn, der ihn nicht einmal kennt – oder nicht einmal weiß, daß er da ist. Und das ist seine Arbeit in der Welt. Er verrichtet sie mit großer Würde und Barmherzigkeit.
Wie viele Male gedenken Menschen unser in Liebe oder im Gebet, und wir wissen es gar nicht? Und ich frage mich, ob diese stillen Gedanken nicht vielleicht wesentlich zu unserer Lebensenergie beitragen. Wenn die Wissenschaftler und Visionäre des Neuen Zeitalters recht haben, sind wir alle durch eine gemeinsame Energie oder Lebenskraft miteinander verbunden, und die Gedanken und die Energie eines Menschen können sich auf einen anderen auswirken.
Das bringt mich zu einem Gedanken, der mich nicht losläßt, nämlich daß die Energie, die ich aussende, eine Auswirkung auf jeden Menschen haben könnte, der um mich ist, dem ich auf dem Flur oder auf der Straße begegne. Sende ich ein Lächeln, eine stille Botschaft der Liebe, eine schweigende Bestätigung, die ihnen sagt: »Ich muß etwas wert sein, denn diese Person hat mich hoch genug geschätzt, um mit mir zu reden«? Oder strahle ich aus, daß ich innerlich besetzt bin, igele ich mich in meinem kleinen Ego ein und ermuntere andere, dasselbe zu tun? … wie

eingeschlossen bin ich doch, wenn ich mich für das letztere entscheide ... wieviel Wärme und Verständnis habe ich dagegen, wenn ich das erstere wähle.
Meine Gedanken kehren langsam von ihrer Reise in zeitlose Möglichkeiten zum Bett dieses prächtigen Menschen zurück, und ich mache weiter, wo der kleine baskische Priester aufgehört hat. Ich bin so bewegt und demütig vor der Möglichkeit, daß wir auf diese stille Weise gegenseitig in unser Leben treten können.

Unsere Versuche, zu geben, sind unbefriedigend, wenn wir einen Teil unserer Liebe oder unseres Wohlwollens zurückbehalten, während wir unsere Gabe anbieten. Dies gilt unabhängig von der Form unserer Gabe, denn das wirkliche Geschenk ist die Regung der Liebe in unserem Herzen. Obwohl unsere ersten stillen Versuche des Gebens im Lichte dessen, was zu geben wäre, klein erscheinen, werden wir sogar dabei den grenzenlosen Schatz in uns spüren, aus dem wir nehmen. Und wir werden noch etwas anderes bemerken: je mehr Anleihe wir machen bei unserem Vorrat an Liebe und Frieden, desto mehr wächst er.
Der folgende Brief von Maria Van Lint ist ein sehr deutliches Beispiel dieses schönen Prinzips, das unsere Wirklichkeit beherrscht. Ich möchte ihren Brief an den Schluß dieses Kapitels über das Geben stellen und nichts weiter dazu sagen, als daß Marie Van Lints *Belohnung* keine äußere war, sondern ein innerer Segen.

... Ich befand mich in einer Kirche, die von Menschen überquoll. Wir waren gekommen, um Jerry Jampolsky und andere Sprecher zu hören. Die Musik war schön, die Atmosphäre vibrierte förmlich, und ich war überglücklich, daß ich hier sein durfte.
Als das Körbchen für die Kollekte herumging, dachte ich: »Wieviel soll ich hineintun?« Wie gewöhnlich, wenn ich nicht sicher bin – und manchmal sogar dann, wenn ich es bin –, wandte

ich mich an den Heiligen Geist: »Bitte sag du mir, wieviel soll ich geben?«
»Alles«, lautete die leise Antwort in meinem Inneren.
Ich erschrak. »Du machst einen Scherz«, sagte ich. Ich hatte eben einen ziemlich großen Scheck eingelöst und trug das Geld in der Brieftasche bei mir. »Schau, ich habe mir so etwas wie zwei bis fünf Dollar vorgestellt.«
»Alles«, wiederholte die leise Stimme.
Ich öffnete meine Brieftasche und sah hinein. Zwanzig-Dollar-Noten, Zehner, Fünfer – mein ganzes »Taschengeld« für die nächsten zwei Wochen.
»Bist du sicher? Das Ganze?« Wie konnte ich sicher sein, daß es auch wirklich die Stimme des Heiligen Geistes war? Es konnte ja auch die Stimme des Ego, einer vergangenen Schuld, Gruppenschwingungen oder irgend etwas anderes sein.
»Alles.«
Und ich wußte, daß ich gehorchen mußte. Ich hatte der Stimme immer vollständig vertraut. Wenn ich ihr jetzt nicht traute, würde das bedeuten, daß ich ihr vielleicht sehr lange nicht mehr vertrauen würde. Ein bißchen Vertrauen gibt es nicht. Entweder man vertraut oder eben nicht.
Ich schluckte also und griff in meine Geldbörse, nahm das ganze Bündel Banknoten heraus und ließ es in das Körbchen fallen.
»Immerhin«, dachte ich schmunzelnd, »habe ich noch ein paar Münzen in der Börse, wenn ich etwas für die Parkuhr brauche.«
»Ich sagte, alles.«
»Du bist wirklich unerbittlich«, dachte ich, als ich auch die paar kleinen Münzen in das Körbchen leerte.
Ein unglaubliches Gefühl von innerem Frieden und Liebe durchströmte mein Herz, als das Körbchen weitergereicht wurde. Jetzt verstand ich, daß die Zwanziger-, Zehner- und Fünfernoten ohne die letzten paar Münzen keinen Sinn gehabt hätten und daß die Lektion ganz und gar nichts mit Geld zu tun hatte.
Es war Hingabe. Vollkommene Hingabe. Ich könnte mich um Lichtjahre auf mein Ziel zubewegen, aber wenn ich auch nur ein Zoll davor haltmachte, wäre der ganze Weg umsonst.
Das ist das Geschenk, das ich erhielt. Alles geben, heißt, alles empfangen. Auf den ersten Blick sieht es so aus, als wäre der Tausch ein ganz ungleicher – geistiges Bewußtsein im Austausch

gegen ein paar Dollar –, aber ich denke anders darüber. Dem Heiligen Geist einen Augenblick – einen heiligen Augenblick – absoluten Vertrauens und absoluter Hingabe zu schenken, das ist die Gabe, die er verlangt. Es ist eine große und würdige Gabe; es ist das, was ich schenken konnte. Daß Seine Gaben an mich so viel größer sind, spielt keine Rolle. Sie sind das, was Er schenken kann.

8 Heile dich selbst

Der vierte Grundsatz gibt die Erklärung, warum alle anderen Prinzipien inneren Heilens wahr sind. Er lautet:

Wir sind alle geistig miteinander verbunden. Daher ist jede Heilung eine Selbstheilung. Unser innerer Friede wird von selbst auf andere übergehen, wenn wir ihn selbst angenommen haben.

Nur weil es auf der geistigen Ebene eine Verbindung gibt, ist Heilen ein inneres Heilen, kann Liebe durch nichts Äußeres behindert werden. Nur deshalb geben wir in Wirklichkeit uns selbst, wenn wir einem anderen geben, und deshalb ist Freiheit nicht eine Funktion der Zeit. Deshalb ist die Stärke eines jeden Geistes die unsere; deshalb kann die Stimme der Liebe oder Einheit immer gehört werden. Deshalb vollzieht sich jede Korrektur im Geist, und deshalb ist Liebe unsere einzige Funktion und Bestimmung.

Wir sind alle geistig durch die Liebe verbunden

Überdenken Sie einen Augenblick das Konzept, daß es einen allverbindenden universellen Geist, eine allesdurchdringende Intelligenz gibt, und bedenken Sie auch den Folgesatz, daß es keinen völlig getrennten Geist gibt. Das läßt sich denken, wenn man sich das Universum als einen Ozean vorstellt. Auf seiner Oberfläche befinden sich Wellen, aber diese Wellen bestehen aus dem Ozean bzw. aus Wasser. Wenn eine Welle sich plötzlich ganz vom Ozean trennen wollte, müßte sie dazu ganz ohne Wasser und ohne jede Verbindung mit der Bewegung des Ozeans sein. Wie könnte sie dann dahinrollen und glitzern oder in irgendeiner Weise wie eine Welle sein? Die simple Tatsache ist die, daß eine Welle sich nicht von der Masse aller Wellen trennen und dabei noch eine Welle bleiben kann.

Hier ist eine weitere Analogie, wobei Wasser wieder als Symbol für den Geist steht. Stellen Sie sich das Universum als einen riesigen Teich vor, der ganz aus Wasser besteht und ganz mit Wasser angefüllt ist. Schöpfen Sie einen Eimer mit Wasser heraus und gießen Sie ihn zurück und beobachten Sie, wie die kleinen Wellen jedes andere Wasserteilchen in dem Universum beeinflussen. Beobachten Sie außerdem, daß das zurückgegossene Wasser seiner Wirkung auf das ganze Wasser im Universum nicht bewußt sein muß, um diese Wirkung auszuüben. Es tut seine Wirkung unabhängig davon.

Analogien können natürlich nichts beweisen, aber es geht uns auch nicht um einen Beweis. Vielmehr ist es uns um eine Erweiterung unserer Erfahrung zu tun. Jeder von uns ist mit allen lebenden Wesen verbunden, ob er sich dieser wunderbaren Tatsache bewußt ist oder nicht. Unser mangelndes Bewußtsein dieser Tatsache ist der Grund all unserer Nöte.

Wir besitzen keine privaten oder wirkungslosen Gedanken, *vorausgesetzt, daß unsere Gedanken wahrhaftig bzw. wirklich sind*. Wenn ich als ein geistiges Wesen mit dem Geist aller anderen verbunden bin, dann habe ich Einfluß auf andere, ob ich es will oder nicht. Wenn ich jedoch meine, daß ich mich von dem großen Geist vollkommen trennen kann, dann täusche ich mich einfach selbst, denn das kann ich ebenso wenig, wie eine Welle sich vom Ozean trennen und noch Welle bleiben kann. Und wenn eine Welle sich irgendwie einbilden würde, daß sie dies vermöchte, dann würde dieser Glaube keine Wirkung auf das perfekte Funktionieren des Ozeans haben. Jegliche Gedanken und Gefühle, die auf dem Glauben beruhen, daß ich mich vom Leben abschneiden könnte, vermögen das Leben nicht wirklich zu berühren. Mit anderen Worten, unsere negativen Gefühle und Vorstellungen verändern die Wirklichkeit nicht, und dies ist der eigentliche Grund, warum alle Gedanken an Schuld ebenso grundlos wie unnütz sind. Es ist aber auch wichtig zu erkennen, daß unsere ängstlichen und destruktiven Gedanken weder zu unserem Wohl noch zum Glück und zur Gesundheit der anderen beitragen. Was wir denken, ist entweder ein Teil des Problems oder ein Teil der Antwort.

Es gibt Gedanken, die wahr und solche, die verfehlt sind. Der Gedanke der Liebe ist zum Beispiel ein Licht, das Gedanken der Einsamkeit, der Krankheit, der Schmerzen und der Depression aus unserem Gemüt vertreiben kann. Andererseits können Gedanken der Schuld und Angst sehr schmerzhaft sein, aber sie beeinträchtigen nicht den Kern unseres Wesens, der Frieden und Liebe ist.

Unser Körper ist wie eine Maschine, die uns etwas lehren will. Sie gibt, wie auf einem Bildschirm, alle Gedanken und Gefühle wieder, die wir in sie hineinprogrammieren. Alle Programme kommen durch den Geist herein, und der ganze Körper reflektiert das, was wir unserem Geist eingespeichert haben. Unser Körper wird Gedanken manifestieren, die voll Konflikt und Angst sind, oder friedliche, liebevolle und glückliche. Nicht er, sondern wir haben die Wahl.

Dieses Konzept kann Schuldgefühle und Verwirrungen des Ego heraufbeschwören. Es sieht in diesem einfachen Verhältnis von Ursache und Wirkung nur eine weitere Gelegenheit zu urteilen. »Wenn ich krank oder unattraktiv bin«, denkt es dann, »muß ich wohl im Geist etwas falsch machen«. Aber das stimmt natürlich nicht. Erstens stellt das Ego sein eigenes

Urteil darüber, was dem Körper fehlt, nicht in Frage. Zweitens nimmt es an, daß Selbstzensur Hilfe bringen würde. Und drittens glaubt es, es hinge nur von ihm selbst ab, die Richtung des Denkens zu ändern. Sich ängstliche Sorgen darüber zu machen, wie wir den Geist eingesetzt haben, ist nur eine weitere Art, ihn zu mißbrauchen. Angst und Reue sind nie ein Teil inneren Heilens, weil sie ein Festhalten an der Vergangenheit sind, und nicht eine liebevolle, entspannte Bereitschaft, Gott jetzt um Hilfe zu bitten.

Der Körper reflektiert den Inhalt unseres Geistes. Wenn unser Geist im Frieden ist, dann ist es auch unser Körper. Aber ein friedlicher Geisteszustand kann nicht erzwungen werden, denn Zwang ist nicht friedlich. Unser Geist verbindet sich mit allen anderen, und wenn wir Frieden im Gemüt haben, dann übertragen wir diesen Frieden auch auf andere. Andere danach zu beurteilen, ob sie krank sind oder Schwierigkeiten haben, ist weder für sie noch für uns eine Hilfe. Wenn andererseits unser Geist voll Aggressivität ist, dann wird der Geist der anderen nicht automatisch ein hilfloses Opfer unserer Aggressivität. Der Grund dafür liegt darin, daß solche Gedanken auf dem Glauben beruhen, der Geist anderer unterscheide sich in seinem Zweck und Willen von dem unsrigen. Wenn wir über andere ein Urteil fällen, suchen wir uns nur selbst davon zu überzeugen, daß es vorteilhaft sei, andere als grundlegend verschieden von uns zu betrachten. Dieser sinnlose Wunsch kann der Wirklichkeit nichts anhaben, und daher tragen unsere aggressiven Gedanken zwar nichts zum Wohl unseres eigenen Körpers oder zur Annehmlichkeit und Freude anderer bei, richten im Universum aber auch kein großes Unheil an. Sie haben einfach teil an dem, oder sind ein Teil dessen, was man das kollektive Ego oder den kollektiven Wahn nennen könnte. Sie sind reine Zeitverschwendung, und schon aus diesem Grund sollten wir kein Interesse an ihnen haben.

Innerer Friede geht auf andere über

Unser Ego – der Teil unseres Geistes, der Angst ist – will Konflikt und Trennung, denn das ist seine Nahrung. Friede und innere Gelassenheit sind die Todfeinde des Ego. Liebe und Frieden sind so verwoben miteinander, daß das eine vom anderen nicht zu trennen ist. Daher werden wir erst dann die Erfahrung machen, ganz von Liebe eingehüllt zu sein, wenn wir innerlich Frieden zugelassen haben. Aber dieser Friede hat überhaupt nichts mit dem zu tun, was in der Welt um uns geschieht.

Ich hörte einmal eine Geschichte, die diese Regel inneren Heilens schön veranschaulicht. Ein Pfarrer in der Schweiz war vierundsechzig Jahre alt und nahe dem Ruhestand, als er begann, über sein Leben und seinen Glauben an Gott Fragen zu stellen. Dabei kamen ihm viele Zweifel über sich selbst und seinen Begriff der Wirklichkeit. Er wurde so deprimiert, daß er beschloß, Gott in die Ecke zu stellen und sich von einem anderen Pfarrer ablösen zu lassen. Seine Haupttätigkeit bestand nun darin, die Kneipe aufzusuchen.

Einige Tage, nachdem all diese Veränderungen angefangen hatten, erreichte ihn die Nachricht einer Frau in seiner Gemeinde, daß ihr Mann eben gestorben sei. Sie wohnte nur zwei Häuser weiter, und der Pastor ging unverzüglich zu ihr. Er wußte genau, was er zu sagen hatte, weil er schon so oft in dieser Lage gewesen war. Aber gerade, als er seinen Mund auftun wollte, sagte eine leise Stimme in seinem Inneren: »Sag nichts, denke nur das Wort Frieden.« Es vergingen etwa fünf Minuten, und er setzte wieder zu seiner Rede an, und wieder empfing er dieselbe Botschaft. Eine Stunde verging, und dann begann die Frau zu sprechen. Sie sagte, sie könne nicht begreifen, was geschehen war. Ihr Mann lag tot im Bett, und sie empfand mehr Frieden als in ihrem ganzen Leben. Er sagte

ihr, daß auch er einen Frieden erlebte wie nie zuvor. Zum ersten Mal erkannte er, was der Frieden Gottes war.
Denken wir jeden Tag, jede Minute, jede Sekunde daran und vor allem morgens, wenn wir aufstehen, daß alle anderen in der Welt ein gewisses Maß an Frieden empfangen, wenn wir für uns Frieden angenommen haben. Auf diesem Wege wird die Welt sich verwandeln, und nicht, indem wir die angreifen, die dem Angriff das Wort reden.

Körperliche Zustände können wahre Kommunikation nicht blockieren

Wir schützen unsere geistige Privatsphäre oder unser Gefühl der Getrenntheit in mancherlei Weise. Eine davon, die mir in meiner Arbeit häufig begegnet, ist die Ansicht, daß eine tiefe und sinnvolle Kommunikation mit einem anderen wegen eines bestimmten Körperzustands *von vornherein* blockiert sei. Das Alter des Körpers, eine physische Gehirnschädigung, Unterschiede des ethnischen oder sozialen Milieus, Autismus, Sprachbarrieren und Trunkenheit sind nur einige Beispiele der Unterschiede zwischen Körpern, die uns scheinbar geistig voneinander trennen. Aber diese physischen Realitäten spielen keine Rolle, weil die wirkliche Kommunikation und alles Gute, das ihr entspringt, sich zwischen unserem Zentrum der Liebe und dem der anderen abspielt, unbeschadet von Bildung, Ausbildung, Alter oder dem Zustand unseres Gehirns. Ich gebe zu, daß diese Feststellung den meisten Menschen nicht einleuchten wird. Die konsequente, gradlinige Praxis der Liebe im Leben eines Individuums wird alle Wahrheitsbeweise bringen, die man sich nur wünschen kann, und mit der Zeit werden einem alle Argumente, daß es keine geistige Kommunikation gebe, nur noch töricht vorkommen.

Ich möchte Ihnen einen weiteren Bericht von Schwester Sharon Tennison vorlegen, der die Tatsache, daß wir auf einer sehr tiefen Ebene miteinander verbunden sind und daß unser körperlicher Zustand, wie immer er beschaffen sei, die wirkliche Kommunikation nicht behindern kann, sehr schön illustriert:

Es ist ein Tag mitten im Dezember... Schon werden Weihnachtsgeschenke gebastelt oder eingekauft... meine Kinder sind abends beschäftigt... und ich habe nichts vor. Ich rufe in einem Krankenhaus an und frage, ob Hilfe für die Abendschicht gebraucht wird. Wie üblich ist es der Fall.
Von einem Krankenhaus zum anderen zu wechseln und in jeder Abteilung oder Intensivstation zu arbeiten, kann ein aufregendes Abenteuer sein. Man kann nie wissen, was für eine medizinische, emotionale oder spirituelle Krise die nächsten acht Stunden bringen werden oder was für Persönlichkeiten man am Ende der Schicht kennenlernt. Auf dem Weg in die Kliniken bete ich gewöhnlich im Herzen darum, daß ich dort eingesetzt werden möge, wo meine Persönlichkeit von größtem Nutzen sein oder wo ich etwas lernen kann, was mein Kopf oder meine Seele nötig haben. Dann lasse ich die Angelegenheit ruhen und nehme an, daß ich, wo immer ich eingesetzt werde, auch sein soll.
An diesem bestimmten Abend bin ich einer medizinischen Station zugeteilt. Die Schwester von der früheren Schicht berichtet mir von einem sehr reizbaren Patienten auf Zimmer 322. Es handelt sich um einen vierundvierzigjährigen (mein Alter) Alkoholiker im Endstadium, der sich an der Welt durch alle möglichen antisozialen Handlungen rächt. Das Neueste ist seine Weigerung, die Bettschüssel zu verlangen, so daß das Personal unentwegt Bettwäsche wechseln muß. Er ist feindselig und rauflustig und muß an Körper und Handgelenken gesichert werden. Die Tagesschwester ist froh, ihn loszuwerden, und ich bin nicht sicher, ob ich ihn mir zusammen mit anderen ziemlich schweren Patienten zumuten kann.
Ich mache die Runde durch die Krankenzimmer, und als ich in die Nähe von Zimmer 322 komme, weht mir ein starker Geruch von Formaldehyd entgegen. Als ich das Zimmer betrete, steigert

er sich widerwärtig. Die Vorhänge um das Bett 322-B sind dicht zugezogen. Ich spähe hinein, und da liegt in dem Bett, in Fötusstellung zusammengerollt, mit hochaufgetürmten Decken, ein verschrumpelter kleiner Körper, der wie eines meiner Versuchsobjekte im anatomischen oder physiologischen Labor riecht. Ich ziehe ihm die Decke ein wenig vom Gesicht, um seine Aufmerksamkeit zu erregen, aber er scheint nicht aufzuwachen. Als ich zum dritten Mal versuche, ihn zu wecken, schleudert er mir Schimpfworte entgegen, packt die Decke und verschwindet wieder darunter.

Ich stehe da, schaue auf das kleine Häuflein Mensch, denke an meinen eigenen gesunden Körper und frage mich, wie jemandem in vierundvierzig Jahren so etwas geschehen konnte. Daß er so alt ist wie ich, schafft in meinem Herzen ein noch stärkeres Band zwischen uns. Wie konnte so etwas geschehen?

Ich gehe hinaus und mache weiter Dienst von Zimmer zu Zimmer, bis ich über die restlichen Patienten für die Nacht so ziemlich Bescheid weiß. Sie sind recht stabil, emotional geborgen und haben Familienmitglieder, die ihnen Beistand und Liebe geben. Nur der kleine Mann auf 322 . . . ich erkundige mich bei der Aufnahme . . . nein, er hat nie Besuch. Seiner Karteikarte entnehme ich, daß er Paraldehyd bekommt, alle sechs Stunden 10 Milliliter intramuskulär gespritzt wegen Delirium tremens – daher der widerwärtige Geruch.

Um fünf Uhr wird das Abendessen gebracht. Ich gehe in sein Zimmer, um nachzusehen, ob er imstande ist, zu essen. Er weiß nicht einmal, daß das Tablett da ist. Ich gewöhne mich langsam an das dunkler werdende Zimmer mit den noch immer dicht zugezogenen Bettvorhängen. Ich führe behutsam einen Löffel an den Mund des Patienten, und zu meinem Erstaunen nimmt er ihn. Dann noch einen. Und noch einen. Mir gehen die Gedanken noch immer im Kopf herum, und ich überlege, ob es irgendeinen Weg gäbe, um diese kleine, in sich zurückgezogene Seele zu erreichen. Mein Herz sagt mir, daß er wahrscheinlich nichts anderes registrieren würde als liebevollen, behutsamen Dienst. Als er genug gegessen hat, zieht er sich die Decke über den Mund und verschwindet wieder wortlos darunter. Ich trage das Tablett aus seinem Zimmer und erfülle weiter meine Pflichten als Nachtschwester.

Um sechs Uhr ist es Zeit für seine Paraldehyd-Spritze. Fünf Milliliter in jede Gesäßbacke – eine riesige Dosis für den Muskel – und ich fürchte mich davor, diesem kleinen Mann, der sowieso schon Schmerzen hatte, das anzutun. Ich mache mich mit den beiden aufgezogenen Spritzen auf den Weg zu seinem Zimmer. Als ich eintrete, merke ich, daß der Geruch von Formaldehyd jetzt mit einem anderen vermischt ist. Er hat sich wieder gegen die Welt zur Wehr gesetzt – vielleicht mit dem einzigen Mittel, das ihm noch übrigbleibt, da seine Hände angebunden sind und seine Tage gezählt. Wenn man mit Menschen in diesem Zustand arbeitet, werden die Sinne, wenn nötig, unempfindlich.

Das Zimmer ist jetzt fast dunkel . . . Über der Tür brennt nur ein schwaches Nachtlicht . . . und da stehe ich schweigend neben dem Bett mit den Vorhängen. Kleine Erinnerungen kommen mir wieder in den Sinn: Worte von Dr. Jampolsky, der neulich darüber gesprochen hatte, daß die »widerwärtigsten Menschen diejenigen sind, die der Liebe am meisten bedürfen«, über Gedanken wie die »Liebe weitergeben«, über das »Loslassen des inneren Gutachters« und darüber, daß man »diesen kleinen Mann anschauen, wirklich anschauen, und ihn zu seinem Bruder machen« solle. Und weil mir nichts anderes einfällt, gebe ich diesen Gedanken einfach zwischen uns Raum, in einem fast tranceartigen Schweigen. Und etwas quillt mir im Herzen auf, ein anderes Gefühl, eine Erkenntnis, und irgendwo tief in meinem Inneren kommt mir ein Wissen, daß dieser kleine Mann in seinen ganzen vierundvierzig Jahren vielleicht noch nie berührt worden ist. Vielleicht war er ein armer kleiner mexikanischer Junge, der jüngste einer großen Familie, geboren an einem staubigen Ort voll Verwirrung und Frustration, wo Wanderarbeiter ums Überleben kämpfen. Ich sah, wie ein magerer kleiner Junge in dieser Welt heranwuchs ohne Ausbildung, ohne Hilfe, ohne Liebe – und vielleicht war die Flasche der einzige Trost, den er im Leben hatte. War dieser kleine Junge meiner Vision eine Einbildung, oder könnte es eine von den seltenen Intuitionen gewesen sein? Ich weiß es nicht und es tut auch nichts zur Sache, weil es mir wirklich einen Einblick gegeben hat, wie mein Patient sein könnte, und mich zu einer tiefen Anteilnahme veranlaßt, die ich geradezu körperlich empfinde.

Ich strecke meine Hand aus und streiche ihm das schwarze Haar aus den Augen. Er rührt sich nicht. Wieder berühre ich seine Stirn und streiche noch eine Haarsträhne weg. Das Mindeste, was ich dem kleinen Jungen in meinen Gedanken geben kann, ist die Berührung, die er vielleicht niemals bekommen hat. Dann setze ich mich auf sein Bett, lasse meinem Herzen freien Lauf, und meine Hände trösten ganz schlicht und einfach. Die gemischten Gerüche des Zimmers sind aus meinem Bewußtsein verschwunden, und die Injektionsnadeln warten geduldig.

Mir ist, als schwebte ich irgendwo zwischen dem alltäglichen und einem himmlischen Raum, an einem Ort des Jetzt, wo nichts zählt als dieser Augenblick. Irgendwann höre ich, wie ich mit einer Stimme, die liebevoller klingt als sonst, zu ihm sage: »Ich weiß, wenn Sie die Chance hätten, Ihr Leben noch einmal zu leben, würden Sie sich nicht für die Flasche entscheiden.« Eine verhaltene, traurige Stimme kommt zurück: »O nein« – ganz durchdrungen von Gefühl und Trauer. Dann beginnt er mir stockend zu erzählen, daß er schon als Teenager in El Paso, Texas, zu trinken begonnen hatte. Von Anfang an hatte er das harte Leben in einer Grenzstadt geführt. »Ich hasse den Geschmack. Ich trinke, um mein Elend zu vergessen.« Irgendwann in unserem Gespräch frage ich ihn, ob wir irgend etwas tun könnten, um ihm zu helfen, seine Sucht zu überwinden, aber er sagt, nein, sie ist wie ein Ungeheuer. Er weiß, daß er wieder rückfällig werden wird, wenn er noch einmal davonkommt und aus dem Krankenhaus entlassen wird.

Ich überlege: alle meine Fähigkeiten als Krankenschwester sind darauf ausgerichtet, Menschen zu helfen, ihre Lebensprobleme zu sehen, ihnen zu helfen, die Stärke aufzubringen, um ihre Grenzen zu überschreiten, ihnen Beistand und Liebe und den Zuspruch anzubieten, der ihnen den Glauben an sich selbst zurückgibt – und doch nützt mir das hier nichts. Mein Herz hat diesen kleinen Mann einfach lieb. Ob er das Trinken aufgeben kann oder nicht, ist mir nicht wichtig. Er ist kostbar, und durch eine Laune des Schicksals war es mir vergönnt, in ihn hineinzusehen und ihn auf einer tiefen Ebene zu lieben, die vom Alkohol unberührt ist. Und ich darf ihm sagen, daß ich weiß, was für ein Kampf sein Leben gewesen ist, und daß ich es verstehe, wenn er nicht aufhören kann – es ist in Ordnung; daß ich in ihm einen ganz besonderen Menschen sehe und daß ich alles in meiner Macht tun

möchte, damit er sich wohlfühlt. Jetzt halten wir uns an den Händen, und das Zimmer ist durchdrungen von einem unglaublich starken Gefühl.
Ich werde mir einer anderen Wirklichkeit bewußt: das Bett muß frisch überzogen werden, und die Spritzen sind über dreißig Minuten verspätet. Aber was geschehen ist, war wichtiger. Ich spüre, daß diese kleine Seele den verkrüppelten Körper vielleicht verlassen muß, aber sie kann in die Ewigkeit eingehen mit dem Wissen, daß sie einmal erlebt hat, geliebt und angenommen zu sein.
Ich verlasse das Zimmer und gehe frische Bettwäsche holen, und ich höre, wie ich ausrufe: »O Jesus, das müssen deine Gefühle sein – für alle Kinder der Erde –, wenn wir uns im Netz unserer Beschränkungen verstricken und in die Irre gehen. Du siehst über all das hinaus in den Kern unseres Wesens.« *So ist es also, wenn man bedingungslose Liebe spürt.* So tief habe ich sie noch nie erfahren, und ich fühle mich wie in eine andere Dimension entrückt, weil ich an dieser Einheit teilnehmen durfte.
Wir strecken diesen kleinen Mann aus, der nun nicht mehr kämpft, und wechseln die Bettwäsche. Er entschuldigt sich für die extra Arbeit, die er uns macht. Es ist ein neues Gefühl im Raum, und ich erkenne wieder, welche Berge von Depression und Frustration abgetragen werden können, wenn wir einem anderen Liebe schenken.

9 Warum nicht jetzt?

Nur in der Gegenwart können wir uns zwischen Liebe und Angst entscheiden. Wenn wir uns darüber Sorgen machen, was wir in der Zukunft tun sollten, erreichen wir nichts. Trotzdem ist es so, daß unsere Angewohnheit, die Vergangenheit im Geist umzuschreiben und das Zukünftige vorwegzunehmen, verschiedene Formen von Schmerz erzeugt. Eine Verlagerung der Gedanken hin zur Gegenwart hilft uns, die Ursache des Elends zu beseitigen. Der fünfte Grundsatz inneren Heilens drückt dieses Konzept auf folgende Weise aus:

Es gibt keine andere Zeit als das Jetzt. Schmerz, Kummer, Depression, und andere Formen der Angst verschwinden, wenn das Denken in diesem Augenblick auf Liebe und Frieden ausgerichtet ist.

Von der Vergangenheit und der Zukunft ungeheuer stark besetzt sind wir gewöhnlich, wenn wir an einer Krankheit oder unter Schmerzen leiden. Wir neigen dazu, all unsere vergangenen Leiden zu betrachten und uns zu fragen, wie lange wir *das* noch aushalten müssen. Wenn wir krank sind und Schmerzen haben, meinen wir manchmal, daß uns niemand liebt. Ja, wir haben das Gefühl, als würden wir für etwas bestraft oder angegriffen, woran wir vermutlich selbst die Schuld tragen. Als Folge davon verbringen wir vielleicht den Großteil unserer Zeit damit, uns auf den Körper zu konzentrieren, Krankheit und Schmerzen zu messen und darüber nachzugrübeln, was wir wohl angestellt haben, um das zu verdienen. Wir

sehen bereits voraus, daß die nächste Phase sicherlich so wie die letzte sein wird, und solche Prophezeiungen gehen natürlich meistens in Erfüllung.
Wie ich in diesem Buch schon etliche Male feststellte, ist es verblüffend, wie schnell Schmerzen verschwinden können, wenn wir unsere Gedanken von uns ablenken und auf liebevolle Weise anderen zuwenden. Dazu möchte ich Ihnen von Randy Romero erzählen. Er war fünfundzwanzig Jahre alt, als er mit Krebs ins Krankenhaus kam. Seine Schmerzen waren schwer unter Kontrolle zu bringen, obwohl er hohe Dosen von Morphium bekam (stündlich über 100 mg). Er war ein sehr aktiver Sportler gewesen und hatte den Kindern in unserem Zentrum in einem Programm geholfen, das ihnen ermöglichte, berühmte Sportler kennenzulernen.
Kurz bevor er starb, fragte ich Randy: »Welche von allen dir bekannten Sportgrößen möchtest du am liebsten kennenlernen, wenn es möglich wäre?« Er antwortete: »Bernard King.« Randy bewunderte ihn nicht nur wegen seiner glänzenden Leistungen als Sportler, sondern auch, weil er mit einem Drogenproblem fertiggeworden war und jetzt anderen Menschen half.
Ich kannte niemandem im Büro der »Golden State Warriors«, aber ich rief trotzdem an und hatte Erfolg. Schon am nächsten Nachmittag um zwei Uhr dreißig kam Bernard King, um Randy zu besuchen. Randy, der bettlägerig war und sich vor Schmerzen nicht bewegen konnte, verwandelte sich in einen jungen Mann, der vor Begeisterung sprühte. Er ließ sich mit Bernard photographieren, sie unterhielten sich über Drogen und lachten zusammen, als sie Arm in Arm den Korridor entlang gingen. Randy hatte während dieser zweieinhalb Stunden keine Schmerzen, und seine Mutter berichtete mir später, daß er gesagt habe, dieser Tag sei einer der glücklichsten seines Lebens gewesen. Zwei Wochen danach starb er friedlich.

Es gibt so viel, was wir für andere tun können, und eben aus diesem Grund können wir so viel für uns selbst tun. Randy und Bernard empfingen einfach deshalb Liebe, weil sie selbst so viel Liebe gaben. In diesem Prozeß verschwinden Angst und Schmerzen. Wenn es wahr ist, daß nur das Jetzt wirklich ist, dann kann und wird die Vergangenheit uns nicht verletzen, wenn wir sie nicht zu einem Teil unserer Gegenwart machen. Das Denken kann immer zur Liebe hingelenkt werden statt zum nochmaligen Wiederkäuen des bereits Abgeschlossenen. Machen wir einen Strich unter die Vergangenheit, und lassen wir Liebe jetzt sein.

Schuldgefühle sind eine Verweigerung der Gegenwart

Unsere gegenwärtige Erfahrung wird einzig und allein von den gegenwärtigen Entscheidungen unseres Denken bestimmt. Weil dieser Satz unserer üblichen Lebensauffassung so fremd ist, möchte ich noch eine Illustration dafür geben, diesmal aus meiner eigenen Erfahrung.
Eines Tages mußte ich beim Zähneputzen einmal niesen. Ich bekam einen akuten Krampf im Rücken und fiel schreiend vor Schmerzen zu Boden. Ich wurde in eine Klinik eingewiesen, unterzog mich zahlreichen Untersuchungen und erfuhr dann, daß ich ein organisch bedingtes Wirbelsäulensyndrom hatte. Ich kam in einen Streckapparat und erhielt Medikamente. Nach zwei Wochen verließ ich das Krankenhaus und fühlte mich besser, hatte aber noch Schmerzen. Ich glaube, daß ich während der folgenden fünf Jahre nie frei davon war. Mein Arzt riet mir, jede körperliche Betätigung aufzugeben – Tennis, Basketball, Joggen, Skilaufen, Gartenarbeit – all die Aktivitäten, die ich liebte.

Im Lauf der Jahre trat immer deutlicher hervor, daß mein Leiden chronisch war. Ich würde lernen müssen, mit meinem Gebrechen zu leben. Eine Operation könnte vielleicht Hilfe bringen, aber eine Gewähr gab es nicht.

Später merkte ich, daß mein Rücken ein Barometer für den geringsten emotionalen Streß zu sein schien. Aber ich redete mir ein, daß meine Reaktion auf Streß nicht die grundlegende Ursache der Schmerzen war, weil ich ein Röntgenbild besaß, auf dem zu sehen war, daß mein Leiden eine organische Ursache hatte. Einmal wurde mein Rücken so schlimm, daß ich wieder in die Klinik mußte. Der Neurochirurg empfahl dringend eine Operation. Ja, er sagte sogar, daß ohne sie meine Schmerzen nie vergehen würden. Als ich mit dieser Entscheidung konfrontiert war, sah ich plötzlich die Wahrheit, die immer da gewesen war.

Ich erkannte, daß hinter meinen Rückenschmerzen ein Komplex von Gedanken stand, zu dem Zorn, Ressentiment, Angst und Schuldgefühle zählten, alle meine persönlichen Bindungen an die Vergangenheit. Diese Gefühle schienen durch lang anstehende Konflikte in meiner Ehe verursacht zu sein. Ich erkannte, daß ich auf meine Frau böse war, weil sie mir das nicht gab, was ich meiner Meinung nach brauchte, und daß sie meine Bedürfnisse nicht erfüllte. Und trotzdem fühlte ich mich schuldig, weil ich solche zornigen Gedanken über sie hegte, und ich meinte, daß ich es verdiente, für sie bestraft zu werden. Die Rükkenschmerzen gaben mir auch eine Entschuldigung dafür, mehr zu trinken, wenn die Medikamente nicht wirkten. Ich erkannte, daß diese zwei Einbildungen: daß meine Frau an meinem Zorn schuld war, nicht ich, und daß die Rückenschmerzen mir einen sekundären Gewinn brachten, mich in einen Teufelskreis verstrickten. Ich beschloß, daß ich lieber versuchen wollte, die Ursache der Schmerzen auf andere Weise zu beheben, als mich einer Operation zu unterziehen.

Ich will damit nicht sagen, daß eine Operation richtig oder falsch ist. Meine Entscheidung, auf sie zu verzichten, war einfach die, die ich in diesem Augenblick persönlich brauchte, um mein Denken umzukrempeln. Der Körper, für sich genommen, ist nicht das Entscheidende. Deshalb tun wir das, was es uns erlaubt, unser übermäßiges Beschäftigtsein mit ihm loszulassen, und kehren zum Frieden zurück. Unser Ziel des inneren Friedens und der Liebe in diesem Augenblick wird uns anweisen, wie wir in diesem Augenblick für unseren Körper sorgen sollen. Wir tun einfach das, was das Ziel – unser inneres Glück zu erhalten und zu vertiefen – uns diktiert. Ein solches Vorgehen ist viel besser, als unbeugsame Entschlüsse für die Zukunft zu fassen, denn dann sind wir versucht, uns an unsere früheren Entscheidungen zu halten statt an unser Bewußtsein des Friedens, der immer bei uns ist und uns immer zur Verfügung steht.

Das Resultat meiner neuen Erkenntnisse und meiner entschlossenen Suche war, daß mein Rückenleiden sich zwar besserte, aber nicht wegging. Nach meiner Scheidung merkte ich, daß auch der Streß anderer Situationen oder Beziehungen sich auf meinen Körper verlagerte. An einem Wochenende, Jahre später, mußte ich wegen eines akuten Anfalls fast ins Krankenhaus. Er war ein klassisches Beispiel dafür, wie Schuldgefühle den anfälligsten Teil unseres Körpers finden und sich dort manifestieren.

Ich nahm an einer Tagung in Virginia teil, wo ich eine sehr attraktive und intelligente Frau kennenlernte. Wir wurden schnell intim. Es war, als hätten zwei verirrte Seelen nachhause gefunden. Aber es stellte sich heraus, daß meine neue Freundin verheiratet war, und ich empfand sehr bald ungeheure Schuldgefühle.

Nach der Tagung lud sie mich ein, das nächste Mal, wenn ich nach New York käme, mit ihr und ihrem Mann essen zu gehen. In Anbetracht meiner sich steigernden Schuldgefühle hatte ich nicht die geringste Lust, ihren Mann kennenzulernen. Aber ein anderer Teil von mir sehnte sich danach, noch einmal mit ihr zusammenzusein, und so änderte ich meine ursprünglichen Pläne und flog nach New York.

Als ich meinen Koffer am Kennedy-Flughafen in die Hand nahm, durchzuckte ein akuter Schmerz meinen Rücken, und ich brach zusammen. Es gelang mir, mich in die Flughafenbar zu schleppen, wo ich mehr als ein paar Drinks kippte. Später nahm ich mir ein Taxi und fuhr in mein Hotel. Ich hatte weiterhin starke Krämpfe im Rücken und kehrte am nächsten Tag unter heftigen Schmerzen nach San Francisco zurück. Es dauerte einen ganzen Monat, bis ich frei von Schmerzen war.

Nachdem ich den »Kurs in Wundern« kennengelernt hatte, begann ich zu begreifen, wie sehr ich mich an Schuldgefühle klammerte. Mir wurde bewußt, daß diese Verhaftung die Ursache war, daß ich Angst hatte vor der Liebe, was dasselbe ist wie Angst vor der Gegenwart. Als ich lernte, Schuldgefühle und Ängste loszulassen, entdeckte ich ein neues Wohlgefühl. Ich beschloß, daß ich mich nach Möglichkeit nie mehr von meinem Urteil über die Vergangenheit und meinen Ängsten vor der Zukunft einschränken lassen würde. Aber allein konnte ich das nicht schaffen. Für diesen radikalen Bruch mit meiner gewohnheitsmäßigen Denkweise *mußte* ich Gottes Hilfe erbitten.

Ich bin jetzt wieder sportlich aktiv, obwohl man mir gesagt hatte, daß ich dazu nie mehr in der Lage sein würde. Ich möchte aber darauf hinweisen, daß ich diese spirituellen Grundsätze nicht konsequent praktiziere. Oft erliege ich der Versuchung, zu urteilen und mich bezüglich der Zukunft festzulegen. Wenn ich das tue und innerlich nicht in Harmonie bin, spüre ich manchmal Schmerzen im Rücken. Dann untersuche ich, ob hinter dem Schmerz nicht ein Gedanke steht, der nicht vergeben will. Ich werde innerlich ruhig und sage mir, daß ich mir nichts mehr wünsche als den Frieden Gottes. Ich bitte meinen inneren Lehrer, mir zu helfen, und danke dafür, daß ich mit allen in Liebe verbunden bin. Dann erlebe ich oft, daß meine Rückenschmerzen verschwinden, aber noch wichtiger ist, daß ich die liebende, ständige Gegenwart Gottes wieder spüre.

»Jetzt« ist ein anderes Wort für Liebe

Vielleicht ist es nützlich, den Gedankenablauf hinter den Episoden meiner Rückenschmerzen ein wenig näher zu betrachten. Rückenschmerzen an sich sind in unserer Gesellschaft sehr verbreitet, und dennoch werden alle physischen Schmerzen auf sehr ähnliche Weise hervorgerufen, und ebenso ist auch das Heilmittel im Grunde dasselbe.

Der fünfte Grundsatz verbindet Freiheit von Schmerzen mit dem Bewußtsein der Gegenwart. Gewiß denkt jeder, daß er sich der Gegenwart bewußt sei, und es stimmt, daß die meisten von uns Gegenstände sehen und Töne hören, die um uns sind. Beachten Sie jedoch, daß der fünfte Grundsatz besagt: Angst verschwindet nur, wenn das Denken in diesem Augenblick auf Liebe *ausgerichtet* ist. Wenn wir die Menschen um uns nur als Mittel *benützen,* die Vergangenheit zurückzurufen, können wir kaum behaupten, daß wir ihnen unsere liebende Aufmerksamkeit zuwenden.

Es war ein kleiner Schritt in der richtigen Richtung, als ich meine Rückenschmerzen mit meinem Zorn auf meine Frau in Zusammenhang brachte, und nicht einfach mit einer abgenützten Bandscheibe, aber es war ein Fehler, daß ich den jahrelangen Konflikt in unserer Ehe für meinen *gegenwärtigen* Zorn irgendwie verantwortlich machte. Schuldgefühle erzeugen Projektionen, und Projektionen sind einfach eine Art, die Zuweisung von Schuld zu verlagern, anstatt sie loszulassen. Und weil Projektionen eine Form des Angriffs sind, fühlen wir uns deshalb um so mehr schuldig und fahren fort, uns irgendwie zu bestrafen.

Wenn wir die Menschen so sehen, wie sie jetzt sind, dann üben wir gerade jetzt Vergebung. Wenn wir sie aber ansehen, um uns ihre vergangenen Fehler in Erinnerung zu rufen, dann sind sie ein Mittel geworden, uns zu verletzen. Unsere neue Praxis besteht darin, daß wir unsere Anschauung von allen Assoziationen mit der Vergangenheit reinigen. Anders ausgedrückt: Wir befreien ständig alles, was wir sehen, von negativen und einschränkenden Erinnerungen.

Dem Kreislauf von Schuldgefühlen, dem Verantwortlichmachen anderer, dem Zorn über die Schuld, die wir ihnen zuweisen, und unserem Angriff auf sie aus diesem Grund, wenn wir sie auch nur im Geiste angreifen, können wir nicht entrinnen, solange wir Schuld für eine gültige Beschreibung von irgend etwas halten. Wir müssen uns für Unschuld entscheiden, wenn wir jemals geistigen und körperlichen Frieden haben wollen. Die Unschuld eines anderen ist nicht in seinem vergangenen Verhalten zu finden. Es mag sogar schwierig sein, sie in dem zu erkennen, was sein Körper eben jetzt tut. Aber wir können diese Unschuld sehen, wenn wir es auf uns nehmen, sie im Frieden, der *in uns* ist, zu suchen. Man findet sie jenseits der Persönlichkeit, jenseits des körperlichen Verhaltens und jenseits unserer geistigen Assoziationen. Sie ist wie ein Licht, das in unserem Herzen und dem Herzen der anderen Person scheint, und wenn wir sie einmal erblickt haben, wird sie viel wirklicher für uns sein als die Schuld des anderen, weil sie wirklicher *ist*. Die Suche nach dieser Unschuld auf uns zu nehmen, ist im Grunde alles, was wir tun müssen, um uns Schritt für Schritt von Schmerz, Kummer, Depression, Schuldgefühlen und anderen Formen der Angst zu befreien.

Vor einigen Monaten wurde ich gebeten, eine Frau von Ende fünfzig zu besuchen, die Gehirnkrebs hatte. Als ich in ihr Haus kam, verbrachte ich zuerst einige Zeit mit ihrem Mann. Er sagte mir, daß seine Familie bisher das Glück gehabt hatte, daß keiner vorher je ernsthaft krank gewesen war. Daher war es ein ziemlicher Schock, als vor einem Jahr bei seiner Frau Krebs festgestellt wurde. Sie war operiert worden, aber der Krebs war nicht mehr zu beseitigen. Trotz Chemotherapie und Behandlung mit Röntgenstrahlen war die Prognose zurückhaltend.

Ed erzählte, daß er aus einer armen, kinderreichen Familie stammte. Als er sieben Jahre alt war, gab es nicht genug zu essen für alle, und er schwor sich, daß seiner Familie, wenn er einmal groß war, so etwas nie passieren sollte. Als junger Mann fing er ein Geschäft an, arbeitete jeden Tag lange und war selten zu Hause. Seine Frau hatte ihre beiden Kinder weitgehend alleine aufgezogen. Er erwarb sich ein Vermögen; sein Sohn trat in sein Geschäft ein, und das Leben schien zufriedenstellend, bis seine Frau krank wurde. Als das geschah, beschloß er zum ersten Mal in seiner Ehe, mehr Zeit zu Hause zu verbringen.

Eines Tages sagte der Gärtner zu ihm: »Einer der Rosenstöcke im Garten sieht abgestorben aus. Soll ich ihn herausreißen und einen neuen pflanzen?« Er dachte einen Augenblick nach und antwortete dann, daß er ihn sich ansehen wolle. Als er den Stock betrachtete, kam ihm zu Bewußtsein, daß er einen der schönsten Rosengärten der Stadt besaß, doch er hatte sich in

den letzten zwanzig Jahren nie die Zeit genommen, ihn zu genießen.
»Reißen Sie ihn nicht heraus. Er *lebt* ja noch, und ich will ihn selbst pflegen«, sagte er. Täglich ging er in den Garten, um den Rosenstock liebevoll zu betreuen, ihn zu nähren und zu begießen, bis er sich wieder erholte. Nach mehreren Wochen trieb er eine schöne Rosenblüte. Ed brach sie ab und brachte sie seiner Frau, die »Rose« hieß.
Weil Ed auf die Krankheit seiner Frau eingegangen war, sah er jetzt ein, wie sehr er das Leben hatte an sich vorübergehen lassen. Er war so damit beschäftigt gewesen, mehr Geld für die Zukunft anzuhäufen, daß er es versäumt hatte, in der Gegenwart zu leben.
Nachdem ich diese erstaunliche Geschichte gehört hatte, besuchte ich Rose. Ich fragte sie, was in ihrem Leben vorgegangen war, bevor sie den Krebs bekommen hatte. Hatte sie unter irgendeinem Streß gestanden, bevor er ausbrach? Sie verneinte. Sie, ihr Mann und ihre Kinder seien vollkommen glücklich gewesen. Doch einige Minuten später traten ihr die Tränen in die Augen, und sie machte mir eine wichtige Mitteilung. Als ihr Mann vor fünfundzwanzig Jahren sein Geschäft gründete, wurde ihr Bruder sein Partner. Im folgenden Jahr erwarb Ed die Geschäftsanteile ihres Bruders, aber dieser war der Meinung, daß er bei dem geschäftlichen Abkommen nicht genug erhalten habe, und hatte seither weder mit Ed oder ihr je wieder ein Wort gesprochen.
Rose sagte, daß sie sowohl ihren Bruder als auch ihren Mann liebte, aber loyal zu ihrem Mann sein wollte. In den Jahren, die dazwischenlagen, nagte ein Schuldgefühl an ihr, daß sie den Konflikt bereinigen sollte. Die Situation deprimierte sie, aber sie hatte bis jetzt nie darüber gesprochen. Ich erklärte ihr, wie wichtig es für sie war, ihn zu bereinigen. Ansonsten könnte sie mit gutem Gefühl vielleicht nie wieder glücklich

sein, weil sie wußte, daß sie immer noch einer Lebenssituation gegenüberstand, die ihr schmerzlich war. Wir sprachen über Vergebung, nicht nur zwischen ihrem Bruder und ihrem Mann, sondern auch ihr selbst gegenüber. Sie erteilte mir die Erlaubnis, Ed hereinzurufen und mit beiden darüber zu sprechen.

Ed vermochte kaum zu glauben, daß seine Frau, die er so gut kannte, diese Angelegenheit, trotz des inneren Konflikts, in den sie dadurch geraten war, all die Jahre vor ihm verborgen hatte. Er ging sofort ans Telefon, um Roses Bruder anzurufen und ihn um Verzeihung zu bitten. Am nächsten Tag fand eine Versöhnung statt.

So lebte auch Rose, wie Ed, nicht in der Gegenwart, obwohl die Art, in der sie der Gegenwart aus dem Weg gingen, unterschiedliche Formen angenommen hatte. Ihre gemeinsame Erkenntnis der Schönheit und Harmonie, die im lebendigen Augenblick immer enthalten sind, brachte ihre Beziehung zueinander zum Blühen, und während der restlichen Monate, die Rose noch lebte, waren sie unermeßlich glücklicher.

Es braucht nichts, um im Hier und Jetzt zu leben

Friedlich und glücklich in der Gegenwart zu leben, ist so einfach, daß wir, wenn wir das einmal erkannt haben, kaum glauben können, was wir uns früher alles angetan haben. Wie leicht ist es, Vergangenheit und Zukunft zu vergessen und zufrieden im Jetzt zu sein. Was machen wir nur, daß uns das so schwerfällt? Im folgenden nenne ich drei Wege, wie wir gewöhnlich unser Leben mit unnötigen Komplikationen belasten, zusammen mit drei Vorschlägen, wie wir zu Einfachheit und Frieden zurückkehren können:

1. Wenn wir Angst vor der Welt haben, zögern wir, irgend etwas zu tun, ohne alle Folgen zu bedenken. Und da es ohne solche Überlegungen unmöglich ist, auch nur einen Stuhl von der Stelle zu rücken, sind sogar die kleinsten Ereignisse des täglichen Lebens von Angst begleitet. Es ist doch leicht zu erkennen, daß wir nicht in der Lage sind, das Resultat von irgend etwas vorauszusehen, und daß alle Sorgen der Welt keine Kontrolle über die Zukunft verschaffen. Wie leicht ist es einzusehen, daß wir nur im Jetzt glücklich sein können, und daß es nie eine Zeit geben wird, die nicht jetzt ist. Wir werden notgedrungen unser Leben endlos komplizieren, wenn wir uns auf Resultate konzentrieren. Wir haben nur unsere Anstrengung unter Kontrolle. Der Erfolg besteht darin, *wie* wir etwas tun, und nicht darin, wie wir oder andere Leute die Wirkung beurteilen. Wenn wir nur die Hälfte der Zeit, die wir darauf verwenden, uns über die Auswirkungen Sorgen zu machen, statt dessen für unmittelbares Tun einsetzten, dann bliebe nichts Wichtiges ungetan. Einfachheit liegt darin, Anstrengung höher zu stellen als Resultate.

2. Wenn ein kleines Kind gehen lernt, hält es nie inne, um zu überlegen, warum es gerade hingefallen ist. Mit jedem Sturz korrigiert es sich automatisch. Das Kind weiß instinktiv, daß es dabei ist zu lernen, und es versucht nie, sich etwas beizubringen, was es nicht versteht. Erwachsene dagegen verbringen einen erheblichen Teil ihres Lebens damit, jeden Fehler wiederzukäuen in einem vergeblichen Versuch, etwas zu kodifizieren, was ja schon innerlich assimiliert ist. Wie leicht ist es, sich von dieser Art des Selbstunterrichts loszusagen. Wie leicht kann es sein, sich schnell von der Vergangenheit abzuwenden, weil unser Leben in der Gegenwart stattfindet.

3. Wir brauchen nur zu lernen, auf das Jetzt zu reagieren, aber das tun wir nicht, wenn wir irgendeinen Aspekt des gegenwärtigen Augenblicks beurteilen. Das Ego hält Ausschau nach

etwas, das es kritisieren kann. Das zieht immer ein Vergleichen mit der Vergangenheit nach sich. Die Liebe dagegen betrachtet die Welt friedlich und nimmt sie an. Das Ego sucht nach Mängeln und Schwächen. Die Liebe hält Ausschau nach einem Zeichen des Lichts und der Stärke. Sie sieht, wie weit jeder gekommen ist, und nicht, wie weit er noch zu gehen hat. Wie leicht ist es, zu lieben und wie mühsam, immer etwas auszusetzen, denn jedesmal, wenn wir einen Mangel entdekken, meinen wir, man müsse ihn beheben. Die Liebe weiß, daß niemals etwas vonnöten ist als noch mehr Liebe.

10 Dem Frieden den Vorrang geben

Wenn wir einen liebevolleren Lebensansatz zu praktizieren beginnen, scheint es immer noch so, als hätten all unsere Schwierigkeiten eine große Bedeutung und als müßten wir in allen damit verbundenen Fragen eine Position dafür oder dagegen beziehen. Solche Stellungnahmen stehen aber offensichtlich unserem Wunsch, nicht zu urteilen, im Wege – aber wie können wir sie vermeiden?

Daß jemand sich für etwas einsetzen könnte, was mit den Problemen des Lebens in überhaupt keiner Verbindung steht, erscheint dem Ego unfaßbar. Wenn ich Leuten erkläre, daß unser Zentrum keine Behandlung bietet, kommt am häufigsten die Antwort: »Ach, ich verstehe, Sie helfen den Kindern, sich mit Schmerzen und Tod abzufinden.« Dies ist in der Tat eine vernünftige Annahme, aber es ist nicht Heilung von Einstellungen.

Innere Heilung erkennt eine Realität an, die nicht mit Schwierigkeiten, Aufregungen, selbst nicht mit Tragödien verbunden ist. Diese Realität ist die Liebe. Und zu Liebe findet man nur Zugang und assimiliert sie nur dann, wenn der Geist kein Interesse mehr daran hat, zu kämpfen oder sich dem Elend des Lebens zu unterwerfen. Wenn der Sinn dieser Aussage einem Menschen zum ersten Mal dämmert, dann ist seine erste Reaktion vielleicht Verunsicherung, und er weiß nicht, wie er sich zu verhalten hat, denn unser Ego will immer wissen, wie die Wahrheit in der Welt anzuwenden ist. Aber es ist natürlich so, daß die Wahrheit der Liebe sich nicht anwenden läßt; wir können ihr nur unser Herz öffnen. Ist dies geschehen, so werden wir instinktiv in der rechten Weise handeln.

Es liegt auf der Hand, daß ein Zentrum für Kinder mit katastrophischen Krankheiten, das weder das Ziel hat, den Körper zu heilen, noch den Geist zu überreden, sich mit der Krankheit abzufinden, keine bestimmte Verhaltensweise von den Menschen verlangt, die es aufsuchen. Es geht nicht um irgendeine Verhaltensweise, und das war manchmal frustrierend für Leute, die von uns eine Stellungnahme zu einer bestimmten Behandlung, zu Diät oder anderen Vorschriften haben wollen. Wir vertreten den Standpunkt, daß das Individuum die Mittel in sich hat, diese Entscheidung selbst zu treffen, und wir sind nur dazu da, ihm und uns zu helfen, tiefer in diesen Ort der Stärke und des Verstehens einzudringen.
Wie soll dann ein Mensch, der die Wahrheit der Liebe sucht, seine Entscheidungen treffen? Der sechste Grundsatz des Heilens durch innere Einstellung geht auf diese Frage ein:

Entscheidungen werden getroffen, indem wir lernen, auf die innere Stimme zu hören, die den Frieden will. Es gibt kein richtiges oder falsches Verhalten. Die einzig sinnvolle Wahl ist die zwischen Angst und Liebe.

Es muß einen besseren Weg geben

In diesem Buch habe ich oft darauf hingewiesen, wie wir gewöhnlich unsere Entscheidungen treffen: indem wir die Situation beurteilen und die Vergangenheit konsultieren, was wir verändern und wie wir es verändern sollen. Es ist immer die Situation oder es sind die Menschen darin, die offenbar der Korrektur bedürfen. Wenn wir den Rat bekommen, den Blick von den äußeren Umständen weg und auf unseren psychischen Zustand zu richten, so ist dazu vielleicht ein Maß an Vertrauen nötig, das wir üblicherweise nicht zulassen. Andererseits leuchtet es gewiß ein, daß dann, wenn wir unser Leben nach der Vergangenheit ausrichten, nichts Neues in unser Leben eintreten kann. Wenn wir es ablehnen zu urteilen – das heißt, rein auf der Vergangenheit beruhende Maßstäbe anzulegen –, können wir das Geschehen direkt in den Blick fassen und uns jener anderen Wirklichkeit in unserem Inneren zuwenden, die nicht an alte Erfahrungen gebunden ist, und einen frischen Einblick gewinnen. In unserer kurzen Lebenszeit sammeln wir keine überwältigenden Vorräte an Weisheit an. Sie ist außerdem meist so einseitig und gibt uns ein so verzerrtes Bild, daß sie nur von sehr geringem Nutzen für uns ist.

Ich kenne keine Geschichte, die dies besser illustrieren würde, als die von Aeeshah Ababio. Sie ist ein bewegendes Beispiel unserer Fähigkeit, wie wir unsere persönliche Geschichte hinter uns lassen und uns den Stimmen des Glücks zuwenden können, die wir in unserem Herzen hören.

Aeeshah hat mit uns allen am Zentrum mehrere Jahre lang eng zusammengearbeitet. Ihre Gaben der Liebe und des Humors und ihre besonderen Kenntnisse haben das Leben vieler alter und junger Menschen verwandelt. Aber es ist noch nicht lange her, daß es für sie undenkbar gewesen wäre, auf so persönlich-intime Weise mit Weißen zu arbeiten. Im folgenden berichtet sie, wie diese große Veränderung ihrer Wahrnehmung zustande kam.

Bevor ich den »Kurs in Wundern« studierte, war ich ein »Black Muslim« und glaubte, daß nur einige Menschen auf Erden Kinder Gottes waren. Ich meinte, daß ich mich von denen trennen müsse, die gottlos waren, und ich hatte keine Ahnung, daß ich mich mit dieser Haltung von der Erfahrung der Totalität Gottes abgrenzte. Ich dachte, wenn Gott gewollt hätte, daß alle Brüder wären und brüderliche Liebe erführen, dann hätte er alle Menschen in die afrikanische Rassengemeinschaft aufgenommen.

Ich hatte eine ungeheure Menge Liebe in meinem Herzen, aber ich gab sie nur einem Teil der Menschen auf dieser Erde, und ich steigerte noch meine Verwirrung, indem ich anderen dasselbe beibrachte. Ich lehrte Liebe *und* Angst. Ich sagte meinem Volk, daß sie die Weißen fürchten und hassen müssen, weil sie wegen ihrer Hautfarbe keine Kinder Gottes seien. Das führte dazu, daß auch *meine* Erfahrungen mit den Menschen dieser Erde Liebe und Haß vermischten, und ich erfuhr die Ganzheit der Liebe Gottes nicht.

Sie werden sich fragen, wie ich mich von diesem Zustand der Verwirrung befreite. Ich habe es nicht alleine geschafft. Ich bekam Hilfe von meinem inneren Meister, den ich jetzt »Heiliger Geist« nenne.

Als ich mich noch auf dem Weg der spirituellen Verwirrung befand, erlebte ich Augenblicke, in denen mich der innere Drang überkam, mehr zu wissen und mehr zu sein, als mir bisher gezeigt worden war. Mir begegneten Bücher, die sich nicht auf meinen erwählten Pfad bezogen, aber sie sprachen von einem anderen Weg, der mit dem Begriff der Einheit Gottes zu tun hatte. Diese Bücher erweckten in mir eine Sehnsucht, die ich nicht erfüllen konnte. Mein Verlangen, mit Gott eins zu sein, war wie ein winziges Licht in einem dunklen Raum, und ich begann, meinen Glauben in Frage zu stellen. Ich fragte: »Wie kann es eine Einheit Gottes geben, wenn einige davon ausgeschlossen sind?« Je mehr ich mich der Erfahrung dieser Einheit öffnete, desto mehr erkannte ich in dem von mir erwählten Pfad eine Schwäche, die einer Überprüfung durch die Vernunft nicht standhalten konnte.

Eines Tages fragte ich in einem Augenblick innerer Bedrängnis: »Wie kann ich die Einheit in Gott erfahren, wenn es sie gibt?« Kaum hatte ich meine Frage gestellt, als mir die Antwort auch schon erteilt wurde. Es war an einem Sonntagnachmittag, und ich las gerade die *Tribune*. Auf der ersten Seite stand ein Artikel, der ein spirituelles Seminar an einer Universität in der Nähe ankündigte. Während ich las, sagte mir eine innere Stimme deutlich, daß ich dieses Seminar besuchen sollte. Das verblüffte mich, denn ich hatte noch nie eine innere Stimme gehört. Ich konzentrierte mich auf das, was ich gehört hatte, und ich vernahm wieder: »Geh!«

Am nächsten Morgen telefonierte ich mit der Institution, wo das Seminar stattfinden sollte. Ich sprach mit der Sekretärin, die mich sogleich an den Programmdirektor verwies. Ich stellte mich vor und bat um einen Gesprächstermin. Er sagte, er wolle mich gerne treffen, und wir vereinbarten einen Termin für den nächsten Nachmittag.

Als ich ankam, war mir etwas mulmig zumute, was die Gründe meines Hierseins betraf, und ich ging in das Büro der Verwaltung, nur um das Gespräch hinter mich zu bringen. Die Sekretärin teilte mir mit, daß der Direktor mich erwarte, und führte mich in sein Büro. Ich saß da und fragte mich, was dieser Mann wohl von mir denken mochte. Hielt er mich für verrückt, weil meine Art von Kleidung in der breiteren Gesellschaft nicht akzeptabel war? Fragte er sich wohl, warum diese Frau von den Black Muslims ihn sprechen wollte? Alle möglichen Gedanken gingen mir durch den Kopf. Als ich auf einem Stuhl unmittelbar vor ihm saß, wartete er geduldig, während ich in meiner Tasche nach dem Zeitungsausschnitt über das spirituelle Seminar wühlte. Er fragte ganz leise: »Was kann ich für Sie tun?« Ich begann nonstop über meinen erwählten spirituellen Weg zu sprechen, und sagte, daß ich die innere Weisung bekommen hätte, an dieser Tagung teilzunehmen, und fragte, ob ich kommen könnte. Ich fügte hinzu, daß ich kein Geld hatte und wüßte, daß eine Teilnahmegebühr zu bezahlen war.

Er hörte sehr aufmerksam zu und nickte, als habe er verstanden. Dann sagte er: »Sie können teilnehmen, wenn Sie bereit dazu sind, die Gebühr später zu bezahlen.« Ich war einverstanden und verließ sein Büro mit dem Gefühl, etwas geschafft zu haben.

Am folgenden Sonntag saß ich in einem großen Auditorium, das voll von Leuten war, die ich fürchten und hassen sollte, wie ich gelehrt worden war, weil sie gottlos waren. Ich wechselte in die erste Reihe, damit ich von diesem Volk, in dessen Mitte ich mich befand, nicht abgelenkt würde. Ich setzte mich hin und zog mir den Hut tief in die Stirn, damit meine Augen im Schatten waren, und ich verschränkte meine Arme als Zeichen, daß ich auf der Hut sein würde.

Der Tag begann mit Informationen von Parapsychologen, die die Kluft zwischen Psychologie und Spiritualität überbrücken sollten. Die Reden waren informativ, aber eher langweilig. Dann trat eine Frau namens Judy Skutch auf und stellte eine Reihe von Büchern mit dem Titel *A Course in Miracles* vor. Als sie die Einführung vorzulesen begann, hörte ich wieder eine innere

Stimme, die mir sagte: »Das ist ein Werkzeug für dich, liebes Kind, gebrauche es, und ich werde dich führen. Denn ich bin immer bei dir.« Die Dame begann zu glühen, und wieder wurde mir gesagt: »Das ist deine Schwester, die ich innig liebe.« Mein Herz war von Liebe zu dieser Dame erfüllt. Ich fühlte mich auch geborgen und sicher. Das war eine sehr seltsame Erfahrung für mich, denn diese Frau gehörte dem Volk an, das ich für gottlos hielt. Dennoch sprach eine Stimme tief in meinem Inneren von Gottes Liebe zu ihr. Nach ihrem Vortrag blieb ich still sitzen und dachte darüber nach, was ich gehört hatte. Ich war nicht mehr in der Lage, meinen separatistischen Glauben auf meine Gefühle zu gründen, denn ich fühlte in diesem Augenblick nichts als bedingungslose Liebe für alle Kinder dieser Erde. In diesem Augenblick ging die Liebe Gottes in mein Herz ein und vertrieb den falschen Glauben, den ich hinsichtlich mancher seiner Kinder gehegt hatte.

Es war nicht einfach, diese transzendentale Wahrnehmung meiner Umgebung aufrechtzuerhalten, und mir kamen Zweifel an meinem Gefühl der Einheit. Ich fühlte mich innerlich wohl, aber ich war noch immer nicht sicher, ob ich Liebe empfinden sollte, ohne zu messen und zu bewerten. »Waren diese Bücher nötig?« Diese Frage war ständig in meinem Bewußtsein. Warum sollte ich dieser einen Erfahrung trauen und sie als gültigen Grund ansehen, eine Kassette von Büchern zu erwerben, die ich nicht näher geprüft hatte?

Ich blieb längere Zeit auf meinem Stuhl sitzen und beobachtete, wie die Leute nach hinten ins Auditorium gingen und Bücher bei einem Mann kauften, der lächelte und sehr höflich war. Ich dachte, es wäre wohl ganz abwegig, diese Bücher mit der Vorstellung zu kaufen, daß sie in meinem spirituellen Prozeß einen nützlichen Zweck haben könnten. Ich sah mir alle Leute im Auditorium an und kam zu einem negativen Urteil. Dann ging ich langsam nach hinten und erkundigte mich nach dem Preis. Der Mann informierte mich auf ungewöhnlich herzliche Weise, daß alle vorrätigen Bücher ausverkauft seien. Ich war erleichtert und dachte, dies sei Zeichen dafür, daß ich sie mir nicht anschaffen sollte. Als ich mich gerade umdrehen wollte, sagte der Mann, er heiße Jerry Jampolsky, und wenn ich Lust hätte, könnte ich am Donnerstagabend zu einer Versammlung bei ihm zu Hause kommen. Er gab mir alle nötigen Hinweise. Ich verließ das Seminar und war sehr verwirrt, was meinen spirituellen Weg betraf. Ich spürte aber auch, daß eine leise Stimme in meinem Inneren mich tröstete und sagte: »Sei ruhig, mein Kind, und wisse, daß ich immer bei dir bin.«

Damals bestand mein Freundes- und Helferkreis aus Leuten, die ebenso dachten wie ich. Ich überlegte, mit wem ich über diese Erfahrung reden konnte. Wie konnte ich jemandem sagen, daß ich zu einem Menschen gehen wollte, dem wir doch aus dem Wege gehen mußten, um nicht hinters Licht geführt zu werden? Ich wußte, daß ich nicht allein hingehen wollte, aber gehen wollte ich auf alle Fälle. Als ich über meine Situation nachdachte, hörte ich wieder für einen Augenblick die leise Stimme in meinem Inneren: »Mach dir keine Sorgen darüber, wer mit dir geht, denn das ist bereits erledigt.« Ich beruhigte mich und beschloß, diese Stimme nicht von mir zu weisen.

Am nächsten Tag rief eine liebe Freundin an und erkundigte sich nach dem spirituellen Seminar. Ich erzählte ihr von meinem Interesse für den »Kurs in Wundern« und daß ich die Bücher kaufen wollte, aber ich müßte am nächsten Donnerstagabend nach Tiburon fahren. Sie war interessiert, aber unsicher, ob sie mitgehen sollte. Ich sagte ihr, daß ich nicht wollte, daß noch jemand etwas davon erfährt, weil wir unter Leuten sein würden, die keine Kinder Gottes waren. Als sie dies hörte, beschloß sie, daß sie mich unmöglich alleine hingehen lassen konnte.

Den Rest der Woche kämpfte ich gegen meinen Zwiespalt an. War ich verrückt? Ich wollte mich doch tatsächlich unter Leute begeben, die ich für teuflisch hielt. Warum wollte ich dorthin gehen? Um eine Kassette von Büchern zu kaufen, die mich nach Hause führen würden, wie eine innere Stimme mir nachdrücklich sagte. All das hatte eigentlich nicht Hand und Fuß. Aber ich wußte, daß ich hingehen würde.

Am Donnerstag kamen wir bei Jerry Jampolsky an, und er begrüßte uns mit einem warmen Lächeln. Natürlich mißtraute ich seiner Herzlichkeit. Seine Wohnung war voll von Menschen, die ich alle als Kinder des Teufels klassifizierte. Ich erlebte mich als getrennt von jedem Menschen im Raum außer von meiner Freundin. Da in dem Raum jedoch ein großes Gedränge war, wurden wir gezwungen, uns zu trennen.

Schließlich saß ich still neben zwei fremden Körpern, die anders waren als der meine.
Als wir Platz genommen hatten, bekamen wir zuerst die Anweisung, uns an den Händen zu halten und unsere innere Verbundenheit zu erleben. Als ich meine Hände den Menschen neben mir entgegenhielt, schloß ich meine Augen, um die Gegenwart ihrer weißen Körper auszulöschen. Gedanken der Angst gingen mir durch den Kopf, der Angst vor der Vergangenheit, Angst vor Unterdrückung und Rassenkampf, und Angst davor, daß die Kinder Gottes wirklich vereint, und nicht getrennt waren.
Ich fühlte, wie sie meine Hände faßten. Dann, als ich tief zu atmen begann und mich in dieser Umgebung entspannte, spürte ich einen Augenblick, daß ich geliebt und geborgen war. Und zu meiner Überraschung sandte ich den Menschen neben mir Liebe, und ich fühlte, wie ihre Liebesenergie zu jedem Menschen im Raum ausstrahlte. Dann vernahm ich wieder tief im Inneren die Stimme: »Mein Kind, lehre nur Liebe, denn das bist du.« Ich fühlte mich sicher und wie zu Hause. In diesem Augenblick wußte ich, daß jeder Mensch in diesem Zimmer mein Bruder und daß ich eins mit ihnen war. Als ich die Augen öffnete, waren diese Körper, die ich als Feinde betrachtet hatte, in Freunde und liebe Angehörige verwandelt worden.

Das Verhalten folgt dem Frieden

Konsequenter Frieden ist nicht dasselbe wie reglementiertes Verhalten. Unser Verhalten sollte unserem inneren Frieden folgen wie das Kielwasser den Bewegungen eines Schiffes. Wenn das einzige Ziel unserer Handlungen Friede ist, wissen wir immer, was wir zu tun haben, weil wir dann das tun, was unseren Frieden bewahrt und vertieft. Dies steht in markantem Gegensatz zu dem erschöpfenden Versuch, alles danach zu beurteilen, ob es sich wohl als richtig erweisen wird.
Unser Ego möchte seinen Weg immer klar vor sich sehen, ehe

es handelt. Es zieht den psychischen Konflikt der einfachen Handlung vor. Es hält lieber inne und schmort, statt mühelos vorwärtszugehen, und so setzt es seine beliebte Verzögerungstaktik ein: die Frage von richtig und falsch.

Jeder möchte, wenigstens nach seinen eigenen Maßstäben, moralisch und gut sein, und daher benützt das Ego dieses Verlangen, um unsere Aufmerksamkeit mit endlosen Erwägungen der Folgen festzunageln. Aber wir können nur im Jetzt gut, freundlich und sanft sein. Auf keine Weise können wir in der Gegenwart die künftige Auswirkung unserer kleinsten Handlungen mit Genauigkeit vorherbestimmen. Und es bedarf nicht der Erwähnung, daß wir auf keinerlei Weise in der Zeit zurückgehen und vermeintliche Fehler der Vergangenheit ausmerzen können. Wenn wir uns auch noch so sehr bemühen, werden wir doch nie alle Menschen kennen, auf die unsere Handlungen sich auswirken, noch werden wir wissen, ob die Wirkung auf lange Sicht eine gute ist. Wozu das Unmögliche unternehmen, und sei es auch aus gutem Willen, da die echten Gelegenheiten, freundlich zu sein und wahre Hilfe zu geben, überall um uns vorhanden sind?

Wenn wir das verstehen, werden wir frei von Schuldgefühlen, die sich an die Zukunft klammern, und dürfen in der Gegenwart auf die Stimme des Friedens und der Liebe in unserem Herzen hören. Es muß jedoch betont werden, daß wir zu Beginn dieses Weges Vertrauen brauchen. Wir tun einfach das, was unser Gefühl des Friedens uns eingibt, obwohl wir das Ergebnis nicht kennen. Natürlich wußten wir auch früher das Ergebnis nie im voraus, aber es gab uns ein gewisses Gefühl der Sicherheit zu denken, daß wir es immerhin geahnt hätten. Jetzt geben wir zu, daß die Wahl der Liebe eine verläßlichere Basis der Entscheidung ist als Mutmaßungen über künftige Folgen.

Vor einigen Monaten traf ich Carol Chapman und ihre Tochter

Hillary, die mit einem Gehirntumor in der Kinderklinik von Los Angeles lag. Zwei Wochen danach bekam ich einen Anruf von Carol. Sie sagte mir, daß Hillary immer wieder in ein Koma fiel, und wenn sie bei Bewußtsein war, bat sie Carol, die Chemotherapie und Röntgenbestrahlung abzusetzen. Das verursachte Carol großen Kummer, und sie fragte mich, was sie tun sollte. Ich sagte ihr, wenn sie mir eine solche Frage vor einigen Jahren gestellt hätte, dann hätte ich genau gewußt, was für einen Rat ich ihr geben sollte. Aber jetzt konnte ich ihr nur das eine sagen, was ich mir selbst sagen würde: still zu sein und auf die innere Stimme zu hören. Denn ich hatte aus meiner Erfahrung gelernt, daß nur die Stimme des Friedens in einer extremen und schmerzhaften Situation Beruhigung und Sicherheit bringt.

Meine Antwort befriedigte sie nicht. Sie sagte, sie wüßte, daß ich in diesen Fragen ein Fachmann war und daher imstande sein müsse, ihr zu einer bestimmten Handlungsweise zu raten. Wir sprachen noch eine Weile, aber als wir auflegten, war sie noch immer unzufrieden.

Am nächsten Tag rief Carol mich wieder an, und diesmal klang ihre Stimme heiter. Sie sagte mir, daß sie nach unserem Gespräch in der Lage gewesen sei, sich zu beruhigen und zu beten. Und sie erhielt die folgende Antwort: »Es gibt nichts Richtiges oder Falsches. Es gibt nur die Liebe.« Diese Antwort befreite ihr Gemüt von der Angst und erlaubte ihr, ihre Liebe zu ihrer Tochter zu Rate zu ziehen. Dann erkannte sie, daß sie alle Behandlungen absetzen sollte, wie ihre Tochter gebeten hatte.

Drei Wochen später starb Hillary sehr friedlich. Carol erhielt die Nachricht während einer Tagung, bei der mehrere Eltern anwesend waren, die ebenfalls Kinder durch Krebs verloren hatten, und diese konnten sie auf eine Weise trösten, wie es nur Eltern vermögen, die dasselbe durchgemacht haben.

Wenn wir einmal erkennen, daß es keine ausgesprochen richtige oder falsche Handlungsweise gibt, können wir uns mit vollkommenem Vertrauen der Liebe zuwenden. Aber wir hören diese Stimme des Friedens in unserem Herzen erst dann, wenn wir das ängstliche Festhalten an bestimmten Antworten aufgegeben haben. Zuerst müssen wir begreifen, daß zahlreiche alternative Handlungsweisen von dem Frieden und der Liebe, die wir uns wünschen, begleitet sein können. Wir begreifen, daß es nicht darum geht, für welche wir uns entscheiden, sondern darum, daß unsere Art des Handelns freundlich, arglos und harmonisch ist. Jetzt betonen wir das *Wie* unseres Vorgehens, nicht das Wohin. Aus dieser Art innerer Ruhe wird immer ein einfacher Hinweis kommen, was wir tun sollen. Unsere Aufgabe ist es, das mit Güte zu tun, so daß wir wieder in den Frieden eingehen können. Wenn später ein Wechsel oder ein anderes Vorgehen nötig sein sollte, haben wir keine Angst davor, entsprechend zu handeln.

Statt alles zu beurteilen und Menschen und Umstände nach unseren Wünschen zurechtzubiegen, geht der Weg des Friedens leise und einfach vor. Wenn das Leben uns Überraschungen bringt, ist jetzt unsere erste Reaktion, diesen stillen Ort in unserem Herzen zu befragen. Wir halten inne und ruhen einen Augenblick in der Liebe Gottes. Wenn dann Handeln notwendig ist, um die Ruhe unseres Gemüts wiederherzustellen, gehen wir in der Weise vor, wie unsere Ruhe es uns eingibt. Wir handeln mit Zuversicht, denn sie wurde uns gegeben. Und wenn wir später noch einmal fragen müssen, tun wir es schnell und mit Leichtigkeit. Wir suchen nicht den Frieden, um unbeugsame Entschlüsse zu fassen oder uns langfristige Regeln vorzuschreiben, sondern um die Entscheidungen zu treffen, die uns in diesem Augenblick den Frieden wiedergeben. Denn nur dann, wenn wir im Frieden sind, können wir wahrhaft gütig sein.

11 Vergebung hat keine Grenze

Vergebung ist das Mittel, wodurch wir Frieden erfahren, uns selbst als Liebe erkennen, ohne Opfer geben, uns mit dem Wesen der anderen vereinen, den gegenwärtigen Augenblick voll erleben und die inneren Ratschläge des Glücks klar vernehmen. Vergebung ist der Weg zum Verständnis und zur Anwendung aller Regeln des Heilens von Einstellungen. Der letzte Grundsatz lautet:

Der Weg zu wahrer Gesundheit und zu wahrem Glück ist die Vergebung. Indem wir nicht urteilen, lassen wir die Vergangenheit und damit unsre Angst vor der Zukunft los. Dabei erkennen wir, daß jeder Mensch unser Lehrer und jeder Umstand eine Gelegenheit zum Wachstum in Glück, Frieden und Liebe ist.

In diesem Buch verwenden wir das Wort Vergebung nicht so, wie es gewöhnlich gebraucht wird. Hier bedeutet es nicht, daß ein Zorn verdrängt oder daß so getan wird, als sei alles in Ordnung, während wir in Wirklichkeit gar nicht so denken. Es bedeutet natürlich auch nicht, daß wir unseren Zorn ausagieren. Und vor allem bedeutet es nicht, daß wir uns über andere stellen und Sünden vergeben, die wir für echt halten. Oder, wie mein Freund Bill Thetford es ausdrückt: »Bring das Arschloch herein, damit ich ihm seine Schuld verzeihen kann.«

Vergeben heißt nicht, daß wir unseren Ex-Ehepartner wieder heiraten, Strafgefangene aus dem Gefängnis entlassen, zu unserem alten Job zurückkehren oder irgend etwas Äußeres tun müssen. Das Ego meint, es müsse, wenn es dem vergeben hat, der es verletzte, diese Vergebung in irgendein Verhalten übersetzen. Aber wahre Vergebung *erfordert* keine körperliche Handlung, obwohl sie von einer Geste begleitet sein kann. Vergebung ist eine innere Korrektur, die das Herz erleichtert. Sie ist in erster Linie für den Frieden unseres Gemütes da. Wenn wir im Frieden sind, können wir anderen Frieden geben, und das ist das dauerhafteste und kostbarste Geschenk, das wir überhaupt machen können.

Die Wurzelbedeutung des Verbums *ver-geben* ist loslassen. Vergebung ist ein Loslassen einer unnützen Denkweise, ein Zurückgeben dessen, das man als nicht wünschenswert erkannt hat, an das Ego. Vergebung ist die sanfte Weigerung, uns noch länger gegen die Liebe zu wehren. Sie erkennt, daß alle Dinge vergeben sind. Sie ist eine Bereitschaft, jeden Menschen, uns selbst eingeschlossen, so zu sehen, daß er entweder Liebe ausdrückt oder Liebe braucht. Jede Form des Angriffs ist ein Hilferuf, und die Antwort auf jeden Hilferuf ist Güte.

Vergebung, wie jede andere in diesem Buch erwähnte spirituelle Eigenschaft – Frieden, Liebe, Gleichheit, Unschuld, Furchtlosigkeit, Stille, Freude – bedingt keine spezifische Verhaltensweise. *Im Frieden* sein, bedeutet zum Beispiel nicht, daß wir uns »zurücknehmen« müssen; liebevoll zu sein, bedeutet nicht, daß wir uns bestimmte Allüren und eine besondere Stimme zulegen; unsere spirituelle *Gleichheit* mit anderen zu erkennen, bedeutet nicht, daß wir uns zu der Stufe ihres Egos herablassen sollen; unsere eigene *Schuldlosigkeit* zu sehen, heißt nicht, daß wir fortfahren, unsere vergangenen Fehler zu machen; *furchtlos* zu sein, heißt nicht, daß wir uns oder andere in Gefahr bringen; um geistige *Stille* zu üben, brauchen wir diese Welt nicht zu fliehen; und um *glücklich* zu sein, brauchen wir nicht auf ängstliche Weise das Ego zu reizen. Ebensowenig bedeutet das Praktizieren von Vergebung, daß wir allen Leuten sagen müssen, wir verzeihen ihnen, oder daß wir so tun, als seien wir besser als sie. Bei dieser Art des Heilens kann der Wandel unserer Einstellung zwar zu bestimmten Veränderungen in unserer Handlungsweise führen, aber meistens erkennen wir diese erst im Rückblick, und wir machen die Veränderung unseres Verhaltens nicht zur Hauptsache.

Dies scheint einer früheren Äußerung von mir zu widersprechen, nämlich daß wir nach dem Innehalten in Frieden mit Zuversicht handeln sollen. Aber wenn ich sage, daß wir alles, was wir tun, im Vertrauen tun sollen, gebe ich damit nicht an, *welche* Handlung wir vertrauensvoll ausführen sollen. Es ist auch besser, aus der Liebe und dem Frieden heraus zu handeln, doch ist dies auf *jede* Tätigkeit anzuwenden. Jede Entscheidung, die im Geist wahrer Vergebung getroffen und durchgeführt wird, wird zum Segen für jeden, den sie berührt, und wird niemanden verletzen.

Seit einer Reihe von Jahren hat Mutter Teresa mich inspiriert. Bei mehr als einer Gelegenheit waren ihre Worte und ihr Beispiel eine sanfte und notwendige Korrektur für mich, und vor kurzem erteilte sie mir wieder, ohne es zu wissen, eine wichtige Lehre. Die Stellung, die sie während der Konferenz der Internationalen Transpersonalen Vereinigung im Februar 1982 in Indien bezog, war ein klares, liebevolles Beispiel wahrer Vergebung.

Das allgemeine Thema der Tagung war der Weltfrieden, und Stanislav Grof, der Präsident der Vereinigung, ließ eine Erklärung gegen den nuklearen Rüstungswettlauf zirkulieren und forderte die geladenen Referenten auf, sie zu unterzeichnen. Ich erklärte mich bereit, ebenso wie eine Reihe anderer Sprecher. Als Dr. Grof jedoch Mutter Teresa um ihre Unterschrift bat, betete sie und sagte, daß sie dazu nicht in der Lage sei. »Wenn ich unterschreiben würde«, sagte sie, »würde ich manche Menschen lieben und andere nicht, weil ich in einer

Kontroverse Partei ergreifen würde.« Auch Baba Muktananda lehnte es ab, zu unterschreiben, und gab die folgende Erklärung: »Es besteht kein Grund, vor dem nuklearen Rüstungswettlauf Angst zu haben. Gott hat alle drei Mächte – Geburt, Tod und Schutz – sich selbst vorbehalten. Er hat sie keinem Menschen in die Hand gegeben. Das wird er auch in Zukunft nicht tun. Darauf vertraue ich vollkommen.«

Wahre Vergebung beruht auf Wirklichkeit. Sie sieht über das Beweismaterial, das vom Standpunkt eines einzelnen Körpers erbracht wird, hinaus und wendet sich statt dessen an die universelle Wahrheit. Die Wahrheit unserer Wirklichkeit besagt, daß jeder von uns ohne Schuld ist und vollkommen von Gott geliebt wird. Das heißt freilich nicht, daß wir nicht unzählige Fehler begangen haben und wahrscheinlich noch eine Zeitlang begehen werden. Aber wahre Vergebung unterscheidet zwischen dem tiefen Drang des Herzens und den oberflächlicheren Wünschen des Ego. Alle Fehler kommen aus dem Ego und sind ein Teil des Lernprozesses, den jeder durchmachen muß. Vergebung ist ein gütiges In-den-Blick-Fassen, das die Reife, die Güte des Herzens und die Ganzheit des Charakters sieht, die jedem Menschen mit der Zeit zuteil wird. Und sie erkennt, wie fehl am Platz es in diesem Prozeß ist, einen Menschen zu verurteilen.

Intoleranz ist die Unfähigkeit zu sehen

Wir müssen nicht nur Menschen vergeben. Man kann auch etwas auf dem Herzen haben gegen Städte, bestimmte Tiere, eine besondere Jahreszeit, Nahrungsmittel, Kleidungsstile, ja, alles, was die Augen des Körpers sehen, kann zu einer Quelle des Unglücks und sogar der Schmerzen werden, wenn wir intolerant sind. Als Sharon Winter das erste Mal ins Zentrum kam, war sie siebzehn Jahre alt. Wie viele Kinder hatte sie die Ernsthaftigkeit ihres Zustands gespürt, bevor ihr Arzt die Diagnose stellte. Ihre Meinung war nicht ernstgenommen worden, und Sharon blieb ein Jahr lang ohne Behandlung, bis weitere Untersuchungen angeordnet wurden und eine krebsartige Erkrankung, ein Lymphsarkom, festgestellt wurde. Aus diesem und verschiedenen anderen Gründen war sie sehr aufgebracht gegen das medizinische Establishment, als sie ins Zentrum kam, und mißtrauisch gegen uns.

Als sie uns zum ersten Mal aufsuchte, hatten wir gerade eine Gruppe von Kindern ab fünf Jahren. Sharon dachte zwar nicht, daß sie von kleinen Kindern etwas lernen konnte, aber sie war in der ersten Sitzung überrascht, als sie sah, wie glücklich alle waren. Sie hatte den Verdacht, daß auch das nur »gestellt« war. Am meisten erstaunte sie jedoch, daß ein achtjähriges Mädchen namens Andrea, das Leukämie hatte, ihr helfen konnte, mit ihrer Angst vor einer bevorstehenden Knochenmarkpunktion fertigzuwerden. Andrea sagte ihr, sie solle an etwas ganz anderes denken und sich vorstellen, wie sie in Hawaii ein Sonnenbad nahm. Sie fügte hinzu: »Du mußt es dir so vorstellen, daß du es hundertprozentig glaubst.« Sharon befolgte später genau die Anweisungen ihrer kleinen Lehrerin, und zu ihrer Verblüffung waren ihre Angst und ihr Schmerz minimal.

Bevor ich mit Sharons Geschichte fortfahre, möchte ich noch etwas mehr darüber sagen, wie solche Vorstellungsbilder funktionieren, weil vielleicht mancher den obigen Absatz liest und Andreas Worte für so kindisch und übermäßig simpel hält, daß Erwachsene praktisch nichts damit anfangen können. Leider stimmt das auch oft, nicht deshalb, weil solche Imaginationsspiele unwirksam sind, sondern weil die meisten Erwachsenen sich auf ein so einfaches und direktes Verfahren nicht einlassen wollen.

Alles, was sich begrifflich fassen läßt, kann in der Vorstellung ausagiert werden. Vergebung kann zum Beispiel die Ausübung unserer Fähigkeit sein, zu vergessen. Wir vergessen etwas, weil es sich nicht lohnt, darüber nachzudenken, weil es uns schwach und niedergeschlagen macht, uns weiterhin daran zu erinnern. Ein Vorstellungsbild, wie ich es in *Liebe heißt die Angst verlieren* vorgeschlagen habe, nämlich, daß wir einen Mülleimer mit all unseren Problemen füllen, einen Luftballon dranbinden und zusehen, wie er unserer Sicht entschwebt, kann vielen Leuten die Möglichkeit geben, sich ein wenig länger zu konzentrieren und dadurch etwas tiefer zu gehen. Ein einfaches Bild, zum Beispiel die Vorstellung, daß Gottes Licht auf einen Schmerz oder ein Ereignis herabstrahlt, während man zusieht, wie es die Schmerzen einhüllt und auflöst, bis nichts mehr übrig ist als Sein Licht, kann den Geist von viel Leiden befreien. Die Kraft liegt nicht in dem jeweils besonderen Bild, das wir anwenden, sondern in unserer Bereitschaft, *jetzt* etwas zu tun, um unseren Frieden zurückzugewinnen.

Im Lauf von Monaten erlebte Sharon eine Besserung, bekam ihre Haare wieder und setzte ihre Schulbildung fort, und schließlich verliebte sie sich in einen prächtigen jungen Mann, den sie später heiratete. Doch vor etwas weniger als einem Jahr, als wir dachten, daß alles so gut mir ihr ging, erlitt sie einen Rückfall ihrer Krankheit. Ihr Glaube an ihren Arzt, an die Welt und an Gott war schwer erschüttert. Ihr ganzer alter Zorn auf das medizinische Establishment kehrte wieder, als sie vielen Untersuchungen, einer neuerlichen Chemotherapie, dem Verlust ihrer Haare und vor allem der Ungewißheit des Erfolgs entgegensah.

Schließlich erklärte sie sich bereit, in das von ihr so gehaßte

Krankenhaus zurückzukehren und die Behandlung wieder aufzunehmen. An dem Tag, an dem sie entlassen werden sollte, freute sie sich schon darauf, nach Hause zu kommen. Doch an diesem Morgen wurde ein fünfzehnjähriges Mädchen eingeliefert und in das Bett neben Sharon gelegt. Die Geschichte dieses Mädchens war erschütternd. Ihre Eltern hatten sie verlassen, und sie fand mal da, mal dort bei Freunden Unterschlupf. Obwohl sie an der Hodgkin'schen Krankheit (Lymphknotenkrebs) litt, hatte sie eine entsetzliche Angst vor den Nachwirkungen der Chemotherapie und hatte sich noch nicht entschließen können, ob sie im Krankenhaus bleiben oder weggehen sollte. Sharon, die sich so auf ihre Entlassung gefreut hatte, nachdem ihre Behandlung beendet war, beschloß, noch einen weiteren Tag im Bett zu bleiben, als ob nichts geschehen wäre, nur um dieser neuen jungen Freundin zu helfen. Als ihr Arzt bemerkte, daß sie nicht entlassen war, kam er in ihr Zimmer und fragte, was denn los sei. Als sie ihm die Geschichte erzählte, sah sie zum ersten Mal, daß ihrem Arzt Tränen in die Augen traten.

Intoleranz, auch gegen Institutionen wie Krankenhäuser, Polizeistationen, Schulverwaltungen und Regierungsbüros, ist die Unfähigkeit, über Erscheinungen hinauszusehen. Sie ist ein in der Vergangenheit wurzelndes Denken, das auf etwas Gegenwärtiges angewandt wird und normalerweise sehr wenig mit dem Geschehen in der Gegenwart zu tun hat. Sharons Liebe zu diesem jungen Mädchen ermöglichte ihr, die Situation klar zu sehen und effektiv zu handeln.

Vergebung ist ein ruhiges Sehen

Intoleranz braucht, wie alle lieblosen Gefühle – Angst, Ungeduld, Eifersucht, Zorn, Depression usw. –, nicht bekämpft zu werden, ja, man braucht sich nicht einmal gegen sie zu wehren. Heilung von Einstellungen hat nicht den Zweck, aus der Psyche ein Schlachtfeld zu machen. Negative Gefühle lösen sich auf, wenn man sie ruhig und ehrlich betrachtet. Das ist ein Prozeß, der sich manchmal stufenweise vollzieht. Wir brauchen nichts weiter zu tun, als einen sanften *Versuch* des Vergebens zu machen, wenn wir uns dazu bereit fühlen und uns mit Freude dieser Mühe unterziehen können. Sehen wir darin aber nur widerwillig eine weitere Verpflichtung in unserem Leben, als sei das Vergeben eine Pflicht, dann mißverstehen wir völlig, daß Vergebung das Tor zu unserem Glück ist.

Jede Emotion oder jeder Gedanke, der Ihnen Kummer macht, wird Ihr Gemüt allmählich loslassen, wenn Sie ihn ruhig untersuchen. Hinter jedem negativen Gefühl steht eine Forderung des Ego. Fürchten Sie sich nicht zu hören, was es von Ihnen will, denn wenn Sie klar erkennen, was von Ihnen verlangt wird, dann werden Sie auch sehen, daß Sie das nicht tun wollen. Wenn Sie Ihren wahren Willen entdecken, dann erkennen Sie auch, daß Sie Liebe sind.

Es ist gut, sich anzugewöhnen, immer dann innezuhalten, wenn es einem schwerfällt, von einer Aufregung innerlich loszukommen und seine Gedanken direkt und in allen Details anzusehen. Nur wenn Sie Ihren aggressiven Gedanken ängstlich aus dem Wege gehen, werden sie eine scheinbare Macht über Sie haben. Nichts Negatives kann das Licht des Friedens verdunkeln. Aber machen Sie nicht den Fehler, sich in einer *Analyse* ihrer Gedankeninhalte zu verstricken. Es wäre zum Beispiel eine Zeitverschwendung und würde Sie vermutlich deprimieren, sich zu fragen, seit wann Sie dieses Gefühl haben, wie lange es schon dauert, warum Sie immer denselben Fehler machen und welche Regel Sie aufstellen sollen, um dieses Gefühl in Zukunft zu vermeiden. Betrachten Sie statt dessen ruhig Ihre unversöhnlichen Gedanken, in welcher Form sie auch erscheinen mögen, und hören Sie sie an. Lassen Sie sich von Ihren Ängsten ihre verrückte Geschichte über die Zukunft erzählen. Lassen Sie zu, daß Ihr Zorn Ihnen eine lächerliche Handlungsweise nahelegt. Wenn Sie das still und ehrlich tun, dann werden Sie schließlich über diese ganze Absurdität lachen und in Liebe weitergehen. Es gibt kein destruktives Denken und Fühlen, daß der sanften Beharrlichkeit widerstehen könnte.

Etwa vor einem Jahr begannen wir mit einer Familie zu arbeiten, die einen zwölfjährigen Sohn mit Gehirnkrebs hatte. Allem Anschein nach hatte er nicht mehr lange zu leben. Eines Tages rief der Vater des Jungen mich an und sagte mir, daß er seine Stellung verloren hätte, nicht wegen Nachlässigkeit, sondern wegen einer Umstrukturierung innerhalb seiner Firma. Er war wütend auf die Gefühllosigkeit der Leute in der Firma, denn sie wußten alle, daß sein Sohn krank war. Jetzt war er gezwungen, sich anderswo vorzustellen, und das regte ihn auf, nicht nur, weil er dadurch seinem Sohn entzogen war, sondern weil die Leute, die ihn interviewten, viel jünger und weniger erfahren waren als er. Er bat mich um einen Gedanken, der ihm helfen könnte.

Ich sagte ihm, wenn er Frieden des Gemütes haben wollte, müsse er den Leuten vergeben, wo er früher gearbeitet hatte, und er müsse auch einsehen, daß diejenigen, die ihn interviewten, nicht seine Feinde waren. Er hatte mir erzählt, daß er am nächsten Tag wieder einen Termin hatte, und so riet ich ihm, seinen jungen Gesprächspartner, der ihm Fragen stellen würde, ruhig zu betrachten und zu sehen, daß auch er nervös war. Natürlich würde der andere fürchten, daß er etwas übersehen und den falschen Mann für den Job anstellen könnte. Wenn der Mann, den er anheuerte, nichts taugte, könnte er damit möglicherweise seine eigene Stellung gefährden. Wenn er einmal eingesehen hätte, daß auch der Interviewer Angst hatte, würde er verstehen, daß sie zusammengekommen waren, um einander Frieden zu bringen, auch wenn der andere dies nicht erkannte. Ich schlug vor, daß er sich ein einziges Ziel stecken sollte: nicht den Job zu kriegen, sondern während des Vorstellungsgesprächs Frieden des Gemüts zu bewahren, indem er dem Interviewer seine Liebe und Rücksichtnahme entgegenbrachte.

Am folgenden Abend rief er mich wieder an und sagte: »Wissen Sie, ich habe keine Ahnung, ob sie mich nehmen, aber ich weiß, daß ich mich nach dem Gespräch so wohl gefühlt habe wie schon lange nicht mehr.« In der Folge bekam er die Stellung und sogar mit einem höheren Gehalt als früher. Das ist natürlich nicht das Wichtige, sondern die Erfahrung, daß die heilende Kraft der Vergebung sich mit keinem anderen Wert des Lebens vergleichen läßt.

Vergebung ist der Kernbegriff inneren Heilens, zugleich aber auch der am leichtesten mißzuverstehende. Ich habe bereits gesagt, daß wahre Vergebung nicht heißt, eine Position moralischer Überlegenheit zu beziehen. Noch bestätigt sie die Grausamkeit eines anderen und erklärt sie für akzeptiert, denn das wäre unaufrichtig. Vergebung *sieht,* daß es keinen wirklichen Grund zur Verurteilung gibt, und damit das geschehen kann, muß ein neuer Grund der Unschuld erkannt werden. Gewiß, das Verhalten der betreffenden Person läßt sich nicht aus der Welt schaffen. Sie verhielt sich eben so, das ist nicht zu leugnen. Vielleicht läßt sich ein anderes Motiv dafür finden, z. B. Angst statt Selbstsucht, und obwohl das ein guter erster Schritt ist, genügt es nicht, uns Gottes Licht in ihm zu zeigen. Vergebung ist ein sanftes Sichabwenden von dem, was wir mit den Augen des Körpers sehen, und ein Suchen nach der Wahrheit jenseits des individuellen Ego.

Die meisten wissen, daß im Herzen eines jeden Menschen ein tiefer Drang nach dem Guten existiert, mag er auch noch so überlagert sein von Schuld, Abwehr, Unehrlichkeit und Unmenschlichkeit. Vergebung sieht über die oberflächlicheren Motive des Individuums hinweg, mögen sie noch so extrem sein, und findet den Ort in seinem Herzen, der sich nach demselben sehnt, wonach auch wir uns sehnen. Jeder Mensch möchte Frieden und Geborgenheit. Jeder möchte etwas Besonderes sein. Jeder möchte sein Potential der Liebe freisetzen. Vergebung blickt tief in dieses Verlangen hinein, und wenn es dort sein eigenes Spiegelbild erblickt, spricht es den anderen von jeder Verurteilung frei.

12 Das Beispiel der Liebe

Die Familie Aberi unterschied sich von anderen Familien im Zentrum auf zweierlei Weise: die Mutter, Mary, gebar einen Sohn, nachdem festgestellt worden war, daß sie Krebs hatte, und außerdem nahmen die Großeltern aktiv am Zentrum teil, so daß wir zu drei Generationen eine Beziehung hatten. Von allen Familien, mit denen ich gearbeitet habe, hat mir vielleicht keine andere eine so tiefe Erfahrung der verschiedenen Stufen des Lebens vermittelt wie diese. Sie lehrte mich, Geburt und Tod auf neue Weise zu sehen, und was es bedeutet, Eltern und Großeltern zu sein. Die Gelegenheit, an dieser Großfamilie teilzunehmen, war eine der wichtigsten Erfahrungen meines Lebens.

Mary Aberis Leben war ein Beispiel all dessen, worüber ich in diesem Buch gesprochen habe. Ihre Liebe erreichte – und erreicht immer noch – viele Menschen.

Mary wurde durch ihren Arzt an mich verwiesen, als sie dreißig Jahre alt war. Zur Zeit unserer Begegnung war ihr Sohn Matty anderthalb Jahre alt und der Sonnenschein in Person. Ihr Ehemann George, ein Manager bei IBM, war gutaussehend, sensibel und liebte sie sehr. Sie hatten acht Jahre gewartet bis zu Marys Empfängnis, und ihre Schwangerschaft wurde sehr gefeiert. Während der ersten Monate steigerten sich ihre natürliche Schönheit und Vitalität sogar noch mehr. Im sechsten Monat wurde Brustkrebs festgestellt, und im siebenten Monat mußte die Brust amputiert werden. Eine Knochenprobe ergab einen negativen Befund, und die Prognose war optimistisch.

Matty, der ein sehr gesundes Baby war, kam mit Kaiserschnitt zur Welt. Er war so schön und strahlend, daß einige ihrer Freunde ihn »Christkind« nannten. Mit einem Teil ihres Herzens jubelte Mary, aber ein anderer Teil hatte Angst, daß sie vielleicht nicht lange genug leben würde, um ihn heranwachsen zu sehen und die Erfüllung all dessen zu erleben, was sie für ihn erträumte.

Bis Matty sechs Monate alt war, schien es Mary ganz gut zu gehen, aber dann griff der Krebs auf ihre Knochen über. Sie bekam Chemotherapie und verlor ihre Haare. Sie begann Schmerzen zu empfinden, die Medikamente offenbar nicht lindern konnten. Ihre Familie war nun in großer Sorge, und um diese Zeit wurde sie an mich verwiesen.

Schon bei unserer ersten Begegnung fühlte ich mich zu Marys Licht hingezogen. Sie leuchtete spirituell, und ich wußte sofort, daß sie eine wichtige Lehrmeisterin für mich werden würde. Eine innere Schönheit, Frieden und bedingungslose Liebe gingen von ihr aus. Ich kann diese Empfindung nicht angemessen beschreiben.

Anfangs trafen wir uns zweimal wöchentlich in meinem Sprechzimmer, und Dienstag abends nahm sie an einer Heilgruppe für Erwachsene im Zentrum teil. Als die Zeit verging und ihr physischer Zustand sich verschlechterte, besuchte ich sie fast täglich zu Hause, und wenn ich sie nicht besuchte, telefonierten wir miteinander. Ich erfuhr, daß sie sich in jüngeren Jahren von ihrem Glauben abgewandt hatte und wegen der scheinbaren Ungerechtigkeit ihrer gegenwärtigen Lage jetzt innere Kämpfe mit Gott ausfocht. Wir wurden enge spirituelle Weggefährten und Psychotherapeuten füreinander. Mary erzählte mir ihre Probleme, und ich erzählte ihr die meinen. Später verbrachten wir viel Zeit im gemeinsamen Gebet. Wir wurden Zeugen des Lichtes Gottes im anderen, auch dann, wenn es uns schwerfiel, dieses Licht selbst in uns zu sehen. Auch die übrigen Mitglieder der Familie Aberi nahmen mich auf. Ich war oft bei ihnen zu Tisch, spielte mit Matty, gewann George lieb und wurde von ihm und Mattys Großeltern geliebt.

Patsy Robinson, Carleita Schwartz, Jonelle Simpson und viele andere von unserem »Von Mensch zu Mensch«-Programm besuchten Mary regelmäßig. Jede von ihnen drückte auf ihre Weise aus, daß sie dabei mehr empfangen als gegeben hatte. Niemand vermochte wirklich zu sagen, was in ihrer Gegenwart geschah, aber ich weiß, daß wir alle den Frieden Gottes erlebten.

Mary wurde aktiv in unserem Telefonnetz. Sie schenkte Mut, Hoffnung und Liebe in Fülle und half anderen, mit ihren Schmerzen fertigzuwerden, und lernte außerdem, das Heilen von Einstellungen anzuwenden, um ihre eigenen Beschwerden zu lindern. Es lag etwas in ihrer Stimme, was den Hörenden selbst über das Telefon mit Frieden erfüllte.

In dieser Zeit suchte mich Shari Podersky, eine junge Frau aus Vancouver, wegen eines Gehirntumors auf, der sich bei ihr entwickelt hatte, und ich legte ihr nahe, Mary zu besuchen. Als sie zurückkam, sagte sie, sie bräuchte kein Flugzeug, um nach Hause zu fliegen, denn sie »schwebte über den Wolken«. Später begann auch Shari, über das Telefon Hilfe zu leisten. Die Bindung, die sie zu Mary empfand, entfaltete sich und wurde zu einem Kreis der Liebe, der sich immer weiter ausdehnte.

Ich erinnere mich an einen Abend im Krankenhaus, als Mary alle vier Stunden eine starke Morphiumdosis gegen ihre starken Schmerzen bekam. Sie schlief, als ich ankam, und so hielt ich nur schweigend ihre Hand und betete. Plötzlich läutete das Telefon. Die Telefonzentrale teilte mir mit, daß es ein Notruf für mich war. Es war ein Mann aus Wyoming mit Lungenkrebs, der Schmerzen hatte und um Hilfe bat. Das Telefon hatte Mary aufgeweckt, und sie hörte mein Gespräch mit. Sie wollte selbst mit dem Mann reden. Als sie ihre Liebe mitteilte und ihm ein paar einfache Vorstellungsbilder empfahl, sah ich, wie das Blut wieder in ihre Wangen schoß, und in diesem Augenblick war sie ein Bild blühender Gesundheit.

Als sie sechs Monate danach wieder im Krankenhaus war, hatte sie als Zimmergenossin eine krebskranke Frau, die im Sterben lag und vermutlich nur noch wenige Tage zu leben hatte. Als ich ankam, bat Mary mich, mit der Frau und ihrer Familie zu sprechen. Ich weiß nicht mehr, was ich sagte, aber ich erinnerte mich an das, was sie sagten. Sie vertrauten mir an, daß Mary ihnen wie ein wahrer Engel vorgekommen sei und daß sie ihnen geholfen hatte, ihre Angst und Verzweiflung loszulassen.

Mehr als wohl irgendein anderer Mensch, den ich je kannte, traf Mary die Wahl, sich nicht mit ihrem Körper zu identifizieren. Statt dessen glaubte sie an die spirituelle Realität als ihr wahres Wesen, und sie erfaßte, wie wichtig es war, in der Gegenwart zu leben. So empfand sie einen Frieden, der sich jedem Menschen in ihrer Umgebung mitteilte. Indem sie Frieden gab, konnte sie ihn selbst erfahren. Sie war eine lebendige Verkörperung des Prinzips, daß Geben ein Empfangen ist.

Am wichtigsten von den vielen Dingen, die Mary und ich einander lehrten, war, daß Worte nicht nötig sind. Die besten Augenblicke, die wir miteinander verbrachten, waren die schweigenden, wenn wir uns an der Hand hielten und beteten und dafür dankten, daß wir in der Gegenwart Gottes waren und die Grenzenlosigkeit Seines Friedens und Seiner Liebe empfanden. Als ihr Vertrauen zu Gott wuchs, strahlte sie Frieden aus, und ihre Familie begann ihre Angst zu verlieren.

Eines Abends verließ ich Marys Haus gegen halb elf Uhr. Sie war schwach, konnte aber noch sprechen und war voll Frieden. Um zwei Uhr nachts erhielt ich einen Anruf von George mit der Nachricht, daß sie im Koma lag. Ich kehrte sofort zurück. Die ganze Familie war anwesend. Ich wußte, was Gott und Mary von mir verlangten. Ich sollte meinen eigenen Frieden allen anderen mitteilen, damit wir ihr Licht sehen und uns nicht mit ihrem Körper identifizieren würden. Ich wußte, daß sie gewartet hatte, bis ich kam, damit ich ihrer Familie bei diesem Übergang Beistand leisten konnte. Mary starb um vier Uhr früh.

Eine Woche später feierten wir zum Gedenken an Mary ein Fest des Lebens in unserem Zentrum. Jeanne Carter, eine Mitarbeiterin, sagte: »Immer, wenn ich einen schwierigen Tag hatte, ging ich in der Mittagspause zu Mary, sie hatte eine so bemerkenswerte Fähigkeit, den Kern einer Situation zu durchschauen, den ganzen Mist loszuwerden, und sie half mir in einer so sanften, liebevollen Art, einzusehen, daß doch alles ganz in Ordnung war. Ich kam immer mit einem Glücksgefühl, leicht und voll Freude, zurück. Sie hatte eine bemerkenswerte Gabe, alles Unwesentliche wegzuräumen, und wenn ich dann den Kern des Problems anschaute, war es nicht mehr da. Sie war ein wunderbarer Mensch.

Eines Tages war meine Tochter Janet zu Besuch hier, und Mary wollte sie kennenlernen. Sonst empfing sie niemanden mehr, den sie nicht kannte, aber sie wollte Janet sehen. Also fuhr ich zu ihr, und wir gingen hinein. Mary verlor wieder ihre Haare, sie war aufgeschwemmt, und wenn man nur den Körper ansah, war sie wahrscheinlich nicht sehr schön, aber ihr Strahlen war wunderbar. Als wir gegangen waren, widerstand ich der Versuchung, meine Tochter zu fragen, was sie von Mary hielt, weil alle so viel von ihr hielten, aber Janet sagte spontan: ›Sie ist die schönste Frau, die ich je gesehen habe‹, und das war es auch, was man in Mary sah – ihre Schönheit.«

Eine andere Mitarbeiterin, Patsy Robinson, sagte mit Bezug auf den oben erwähnten Besuch von Shari Podersky: »Mary saß da und sprach mit dieser Frau, und ich hörte einfach zu. Es war, als würde Gott durch Mary sprechen. Sie sagte die wunderbarsten Dinge zu Shari, und es fand eine ›Transformation‹ statt, wie wir es nennen, vielleicht gebrauchen wir das Wort zu leichtfertig, aber ich sah es mit meinen Augen. Ich sah, wie diese Frau von einem solchen Zustand der Angst in einen Zustand des Friedens versetzt wurde. Und Marys Frieden erreichte auch mich. Und Sharis Mutter und Vater saßen auf einer Klavierbank und hörten zu, und plötzlich beugte ihr Vater sich vor und berührte mich. Mary war ganz in ihr Gespräch mit Shari versunken. Er hatte Tränen in den Augen und sagte: ›Ich kann es nicht fassen, was hier geschieht.‹«
Shari drückte ihre Gefühle folgendermaßen aus: »Meine Bekanntschaft mit Mary war zunächst ganz überraschend. Patsy sagte, daß es eine wunderbare, prachtvolle Frau gäbe, die ich kennenlernen müßte, und sie telefonierte mit Mary, die uns kommen ließ. Meine Eltern und ich fuhren hin.
Wir kamen herein, und sie begrüßte uns. Ihr kleiner Junge schlief in seinem Laufställchen. Ich betrat ihr Zimmer, und es war voll Frieden. Ich war nämlich – es bewegt mich noch immer sehr, wenn ich davon spreche – zum ersten Mal an einem wirklich friedlichen Ort. Ich hatte damals nicht viel inneren Frieden. Dann setzte sie sich und fing einfach an, zu sprechen und zu lehren. Sie strahlte die ganze Zeit. Ich glaube, es war die ergreifendste Erfahrung, die ich je gemacht habe. Ich weiß nicht, was ich euch noch sagen soll. Ich glaube, sie ist wunderbar.«
An dem Tag riefen wir John in Wyoming an. John war der Mann in Not, mit dem Mary damals gesprochen hatte an dem Abend, als ich bei ihr im Krankenhaus war. Er sagte über Mary:

»Von Mary lernte ich, daß alles seinen Sinn hat, auch wenn wir ihn vielleicht nicht verstehen. Daß alles richtig ist. Ich rief sie oft an, wenn es mir wirklich schlecht ging, und sie hatte eine Art, zu antworten, die mir einsehen half, daß die Welt in Ordnung war und daß die Dinge, die uns beiden zustießen, nicht tragisch waren. Manchmal sprachen wir sogar von Begräbnissen, ohne dabei albern zu sein, und dann lachten wir über diesen ganzen Begriff des Sterbens und wie wichtig es für uns war, ein schönes Begräbnis zu haben, ich meine, ein nicht morbides.

Vom ersten Gespräch an, das ich mit ihr in dem Zimmer führte, schien es zwischen uns zu klicken – ich weiß nicht, ob psychisch oder spirituell – und es war, als ob zwei alte Freunde, die sich lange nicht gesehen hatten, sich eben wieder gefunden hatten. Als unsere Beziehung sich entwickelte, riefen wir uns gegenseitig manchmal an, wenn wir es beide nötig hatten zu sprechen und aneinander gedacht hatten. Mary sagte oft: ›John, du bist mein Lehrer. Ich lerne so viel von dir.‹ Und sie machte es mir möglich, wieder Hoffnung zu haben.«

Es ist jetzt über ein Jahr her, seit Mary starb. Ich besuche Matty, George und Mattys Großeltern oft. Manchmal ist es nicht leicht. Es gibt Zeiten, wo uns der Schmerz überkommt. Aber Marys Gegenwart ist noch immer zu spüren.

Schlußbemerkung

Als ich über Mary schrieb, rief mein Sohn Lee mich an. Mary war auch Lees Lehrmeisterin gewesen. Ich sagte ihm, wie schwer es mir fiel, Marys Wesen in Worte zu fassen, und da schlug er folgendes vor: »Warum sagst du nicht genau das? Wenn du mit Marys Geschichte am Ende bist, bitte den Leser, das Buch einige Minuten niederzulegen, die Augen zu schließen, innerlich still zu werden und Marys Wesen zu erleben.« Das ist es, was ich jetzt tun will. Mary ist Liebe, und diese Liebe wird zu Ihnen kommen. Wenn Sie ihr Licht und ihre Wärme empfinden, dann sollen Sie wissen, daß es Ihr wahres Selbst in Gott ist, das zu Ihnen kommt.

Epilog

Für mich ist Mary Aberi der Inbegriff inneren Heilens. Sie tat ihr Möglichstes, nicht nur an Gott zu denken, sondern zuzulassen, daß Gottes Licht sich durch sie ergoß, so daß alle es sehen und daran teilhaben konnten. Sie hatte sich entschieden, sich nicht mit ihrem Körper, nicht mit ihrer Ego-Persönlichkeit zu identifizieren. Sie demonstrierte, daß wir, solange wir atmen, auf der Erde sind, um ein Kanal für Gottes Segen zu sein, um unseren Mittelpunkt nur in der Liebe zu finden und auf diese Weise anderen zu dienen. Sie wußte, daß der Tod eine Illusion und das Leben ewig ist. Sie wußte auch, daß der Geist nicht vom Körper begrenzt ist und daß das Leben nicht mit dem Körper identisch ist. Das war für Mary mehr als nur ein Glauben. Es war eine tiefe Überzeugung in ihrem Herzen, die auch andere überzeugte.

Mary erfüllte mit ihrem Leben zwei einfache Aussagen des »Kurses in Wundern«, die für mich zentrale Bedeutung gewonnen haben:

1. Erwache und vergiß alle Gedanken über den Tod, dann wirst du den Frieden Gottes finden.
2. Heute will ich alles aus der Sicht Christi betrachten und kein Urteil fällen, sondern ich werde statt dessen allen Dingen das Wunder der Liebe schenken.

Mary und die anderen, von denen in diesem Buch die Rede war, haben demonstriert, daß nichts in der materiellen Welt so wichtig ist wie die Liebe Gottes in unserem Herzen. Diese Liebe allmählich und in immer stärkerem Maße freizusetzen, ist unsere einzige Funktion.

Erinnern wir uns daran, daß unser wahrer Geist nur Gottes Gedanken enthält – Gedanken der Liebe und des Friedens. Alle anderen Gedanken haben wir selbst hervorgerufen, und daher können wir auch beschließen, sie loszulassen. Dazu bedarf es keines inneren Kampfes, sondern lediglich der Einsicht, daß wir lieber glücklich sein als rechthaben wollen. Es sind diese anderen Gedanken, diese Urteile und Rechtfertigungen, die uns zu dem Glauben verleiten, daß von Bedeutung sei, was unsere körperlichen Sinne uns vermitteln. Diese Gedanken errichten um uns eine Welt, in der wir sterben müssen, eine Welt voll Verzweiflung, eine Welt, in der wir ständig in Gefahr sind, angegriffen oder verlassen zu werden, eine Welt, in der wir voneinander und von Gott getrennt sind. Aber eine solche Welt ist nicht die Wirklichkeit.

Wenn wir uns entschließen, der Welt, uns selbst und allen anderen zu vergeben und in der wirklichen Welt der Liebe Gottes zu leben, dann erfahren wir die Freude, die daher kommt, daß wir unsere Ängste, unsere Schuld- und Schamgefühle, unsere Beschwerden und bitteren Hoffnungen loslassen. Dann erfahren wir alle Seine grenzenlose, unendliche Liebe.

Dank

Ich möchte meinen Dank William Thetford, Jules Finegold, Mary Abney und Patricia Hopkins aussprechen für ihre liebevolle Unterstützung und ihren redaktionellen Beistand. Außerdem möchte ich Grace Bechtold, der Cheflektorin von Bantam Books, für ihre Geduld, Ausdauer und Ermutigung danken.
Ich bin Judy und Bob Skutch von der Foundation for Inner Peace für die Erlaubnis dankbar, aus *A Course in Miracles* zitieren zu dürfen. Und vor allem gilt mein Dank der Inspiration und dem Einfluß, den der Kurs auf dieses Buch ausübte.

Dr. Gerald G. Jampolsky

Stanislav und Christina Grof

Jenseits des Todes

An den Toren des Bewußtseins
96 Seiten. Großformat.
Mit 158 Abbildungen, davon 17 farbigen. Kartoniert

Was mit uns im Tod geschieht und wie ein Leben »danach« aussehen könnte – das sind Fragen, auf die immer mehr Menschen Antworten suchen. Stanislav und Christina Grof haben Vorstellungen hierzu aus vielen Religionen und Kulturen zusammengetragen: aus dem christlichen, jüdischen, islamischen, altgriechischen, persischen, ägyptischen, dem ostindischen, tibetischen und präkolumbianisch-amerikanischen Kulturraum, aus Kulturen verschiedener Naturvölker. Dabei zeigen sich auffallende Parallelen. Die Darstellungen des Himmels, des Paradieses, der Hölle und des Fegefeuers sowie der Reise der Seele nach dem Tod erscheinen daher als archetypisch. Das heißt, sie entspringen nicht einem bestimmten kulturellen oder religionsgeschichtlichen Kontext, sondern spiegeln den Prozeß von Tod und Wiedergeburt, der im Wesen des Menschen angelegt ist. Andererseits ergeben sich erhellende Parallelen zu Berichten von Menschen, die den klinischen Tod überlebten, wie auch zu »Tod- und Wiedergeburt«-Episoden von Schizophrenen und von Personen, die in wissenschaftlich-experimentellen Situationen durch psychedelische Zustände gingen.

Mit einem grundsätzlichen Beitrag führen die Autoren in den Themenbereich ein. Auf einen umfangreichen Mittelteil mit farbigen Tafeln folgen dann reich illustrierte Darstellungen zu zwölf Einzelthemen. Damit liegt eine einzigartige Dokumentation vor, die nicht nur Todgeweihten als Wegweiser zu dienen vermag. Das Buch kommt auch dem Bedürfnis nach Auseinandersetzung mit dem Tod schon angesichts des Lebens entgegen. Daß dadurch unsere Angst vor dem Tod schwinden und unser Leben tiefer und reicher werden kann, ist eine alte Weisheit, die wir heute wieder neu entdecken.